最《さい》恐《きょう》!!

ムー・ミステリー・ファイル

学校の怪《かい》談

ビジュアル大《だい》事《じ》典《てん》

監修《かんしゅう》／朝《あさ》里《ざと》樹《いつき》

ム認《にん》定《てい》!

ONE PUBLISHING

ムー認定《にんてい》！

「ムー」とは
1979年《ねん》10月《がつ》に創刊《そうかん》した
UFO《ユーフォー》事件《じけん》やUMA《ユーマ》、
超常怪奇現象《ちょうじょうかいきげんしょう》、オカルトなど
世界中《せかいじゅう》にあふれる
なぞと不思議《ふしぎ》に
挑戦《ちょうせん》し続《つづ》けている
スーパー・ミステリー・
マガジンである。

学校《がっこう》というたくさんの
子《こ》どもたちが集《あつ》まる場所《ばしょ》で

怪談《かいだん》が存在《そんざい》する！

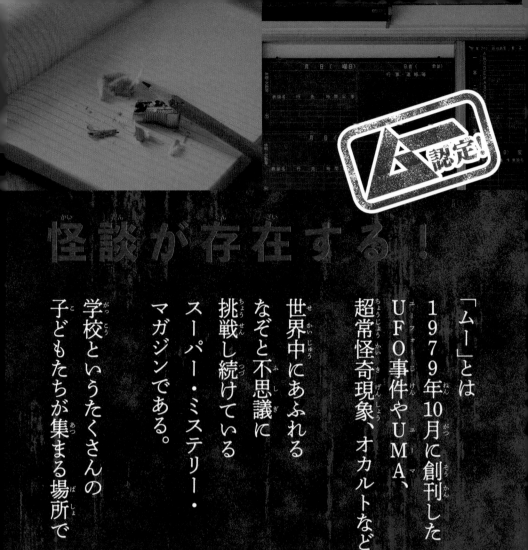

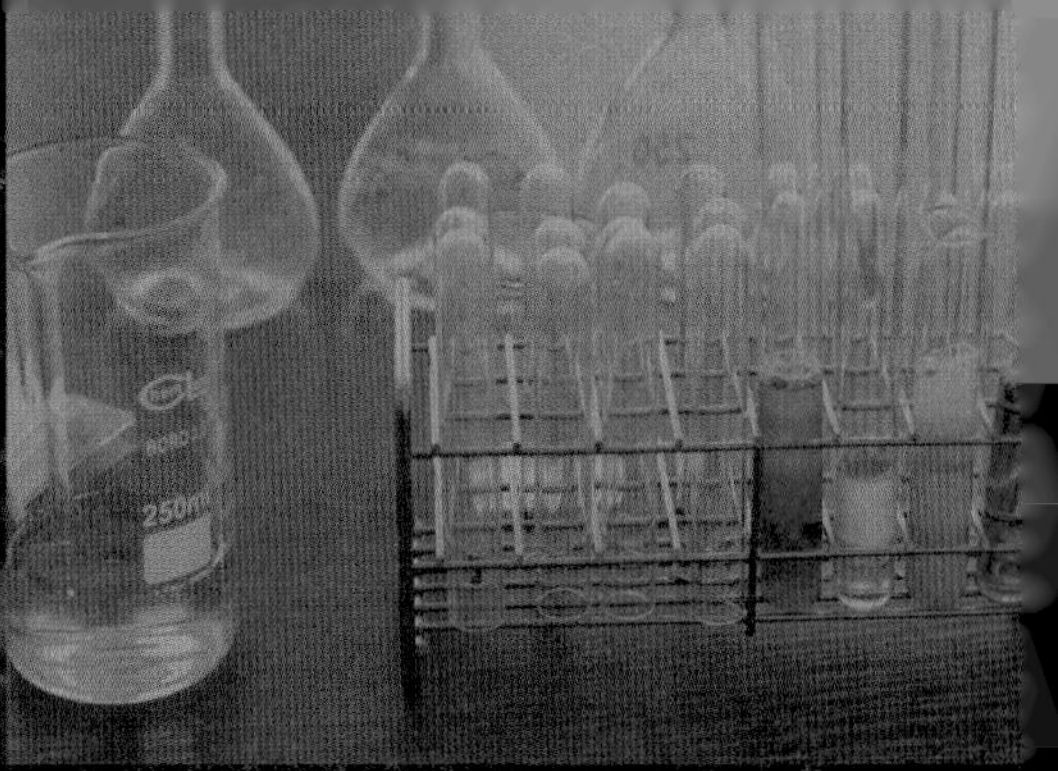

学校にはおそろしい

次々《つぎつぎ》と生《う》まれる
こわくて奇妙《きみょう》なウワサ

本当《ほんとう》かどうか
わからない都市伝説《としでんせつ》、
正体不明《しょうたいふめい》の怪人《かいじん》や幽霊《ゆうれい》、
人《ひと》をおそうおそろしい怪物《かいぶつ》や
現実《げんじつ》とはちがう異世界《いせかい》……

ムー・ミステリー・ファイルでは
これまでにウワサされてきた
70の学校《がっこう》の怪談《かいだん》の真相《しんそう》を
深《ふか》くさぐっていく！

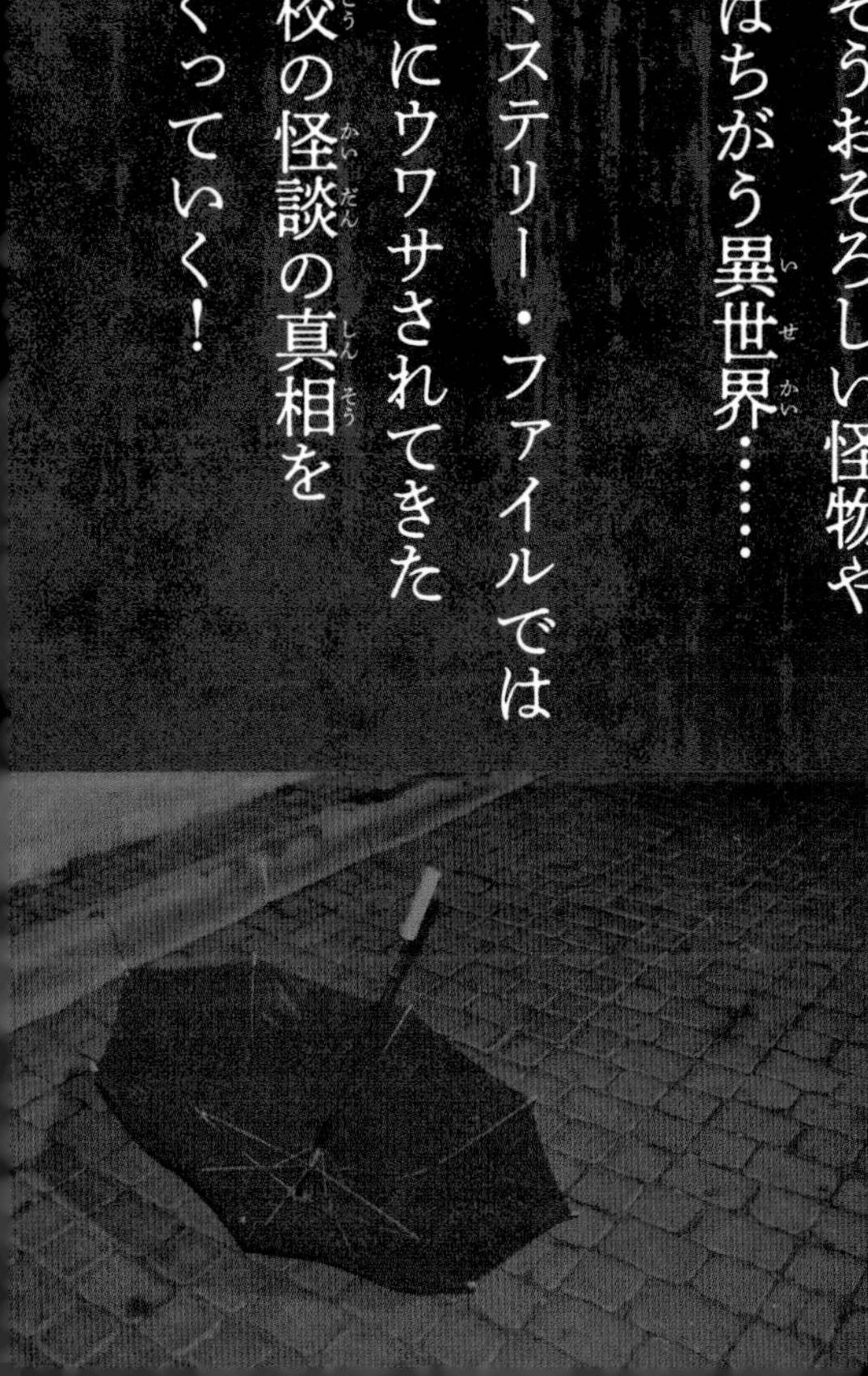
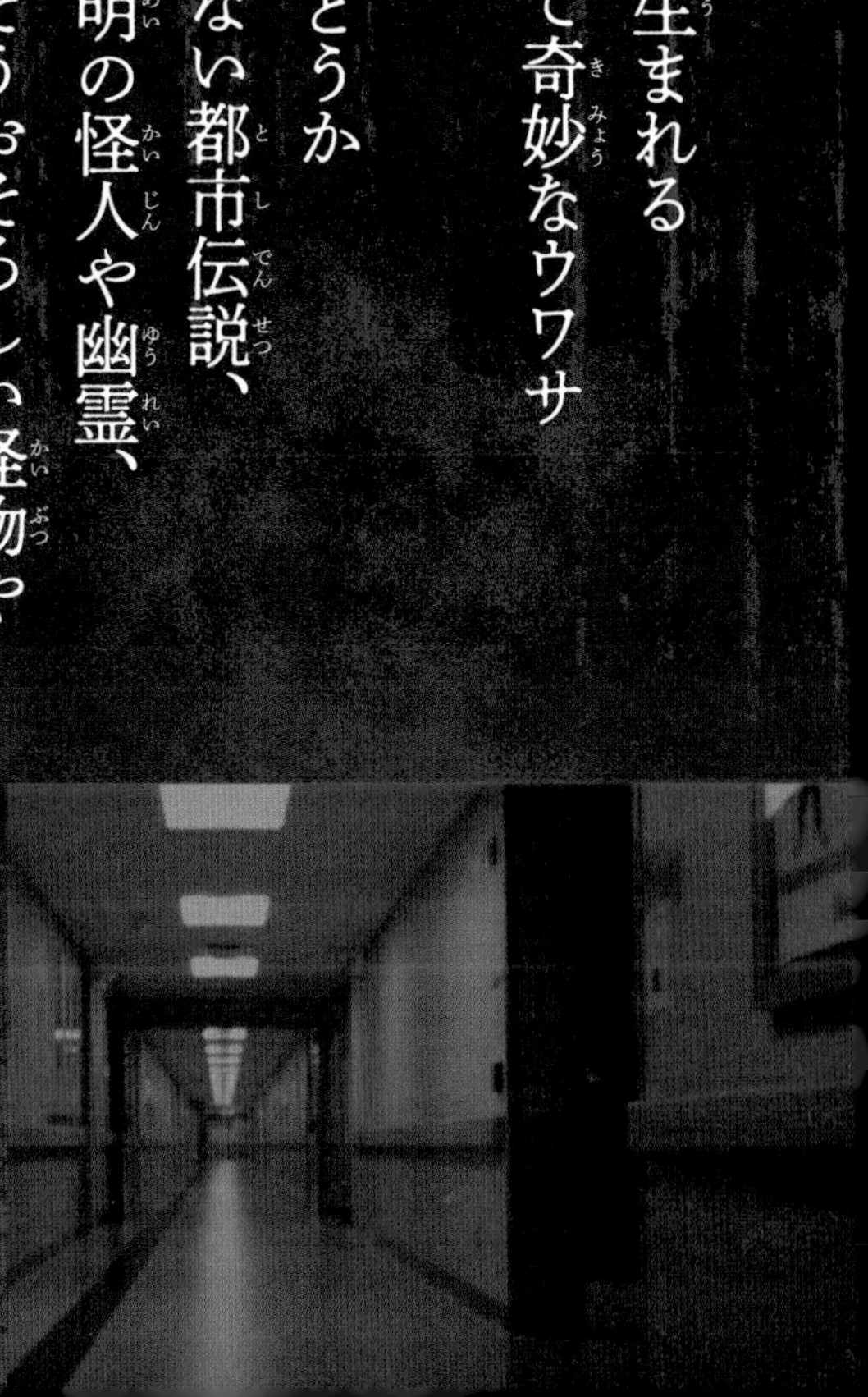

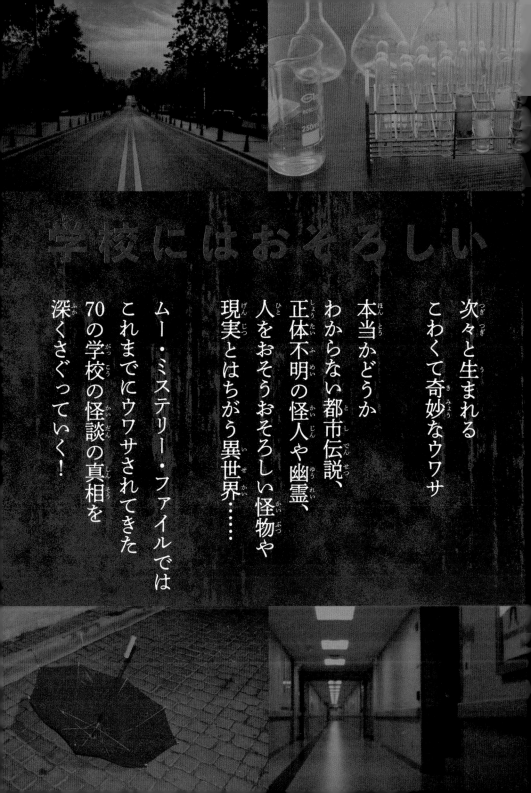

の闇《やみ》を知《し》る
勇《ゆう》気《き》はあるか？

学校《がっこう》というところは
楽《たの》しく、安全《あんぜん》な
学《まな》びのための場所《ばしょ》である。

だが、いつもとちがう時間《じかん》に
奇妙《きみょう》なことが起《お》きたり
存在《そんざい》しないはずの人影《ひとかげ》を見《み》たり
してしまうことがある。

本当《ほんとう》
そんなちょっと奇妙《きみょう》な
ウワサが広《ひろ》まったものが
「学校《がっこう》の怪談《かいだん》」だ。
この本《ほん》を開《ひら》けば
明日《あす》からキミの見《み》える
世界《せかい》は変《か》わってしまうだろう。
きっと、もう日常《にちじょう》にはもどれない……。

もくじ

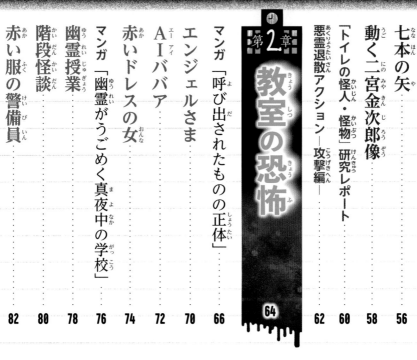

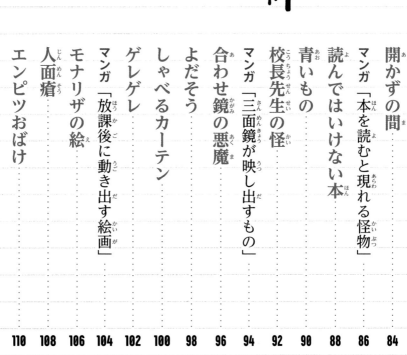

第4章 通学路《つうがくろ》の異変《いへん》

第《だい》1章《しょう》

校《こう》舎《しゃ》にうごめく闇《やみ》

毎《まい》日《にち》見《み》ているはずの風《ふう》景《けい》が
とつぜんおそろしい景《け》色《しき》に変《か》わる。

学校《がっこう》のあらゆる場所《ばしょ》に
キミの知《し》らない何《なに》かがひそんでいる。

もしそれに気《き》づいてしまったら?
どうなってしまうのかは、だれも知《し》らない。

ほら、キミの学校《がっこう》にも
すでに闇《やみ》が
おしよせている……。

ムー認《にん》定《てい》!

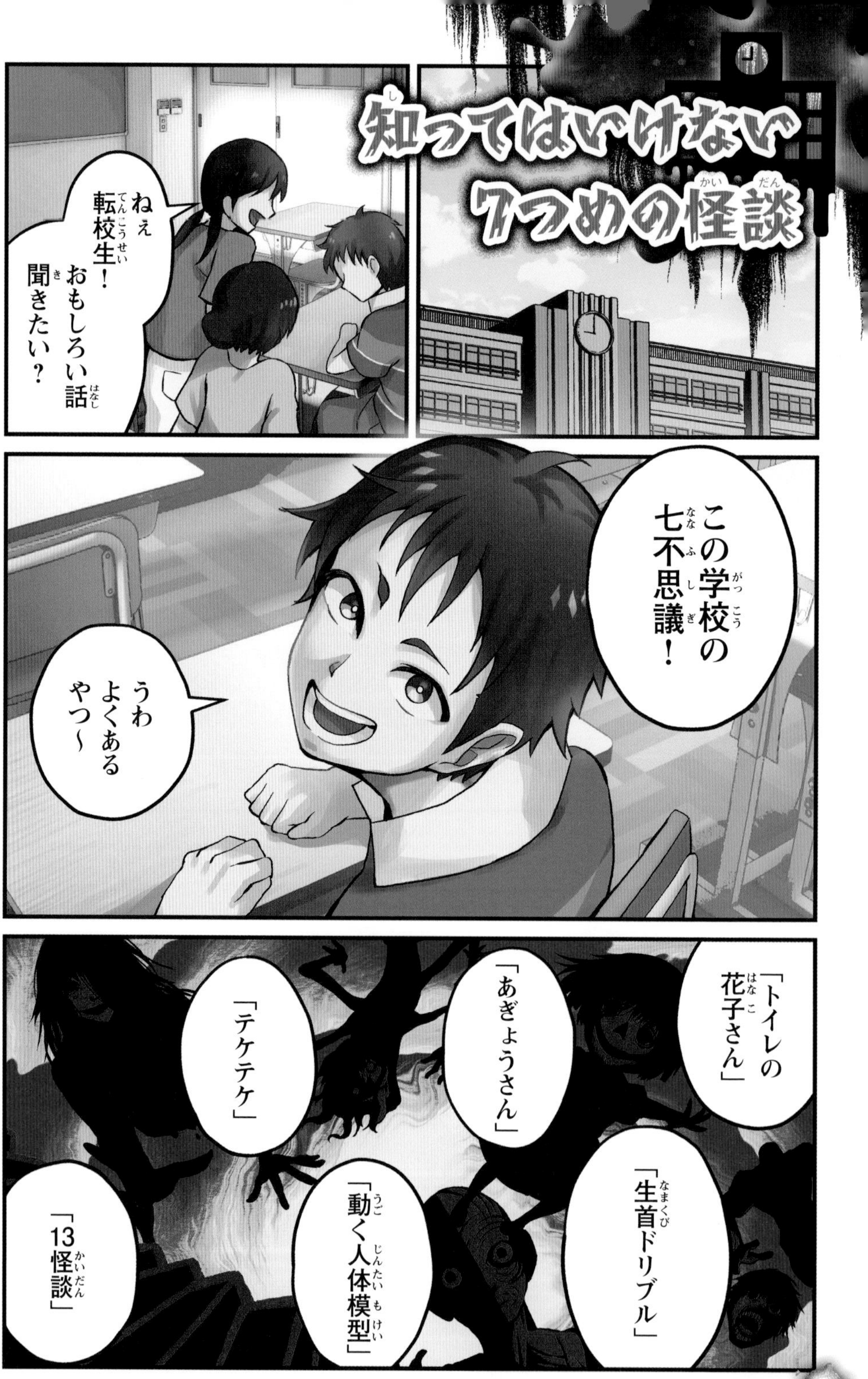
知《し》ってはいけない7つめの怪《かい》談《だん》
ねえ 転校生《てんこうせい》! おもしろい話《はなし》聞《き》きたい?

この学《がっ》校《こう》の七《なな》不《ふ》思《し》議《ぎ》!

うわ よくあるやつ~

「トイレの花《はな》子《こ》さん」

「あぎょうさん」

「テケテケ」

「生首《なまくび》ドリブル」

「動《うご》く人体《じんたい》模型《もけい》」

「13怪《かい》談《だん》」

でね
おもしろいのは
ここから
最後《さいご》の怪談《かいだん》はね
だれも知《し》らないの
なんだそれ
七不思議《ななふしぎ》
なんだろ？
7つないと
おかしいだろ
クス
だって……
ね？
ね！
クス
クス
7つ目《め》を知《し》ったら——
…なんだよ
気味悪《きみわる》いこと
言《い》いやがって……
お化《ば》けとか
あほくさ

体育館《たいいくかん》…こんな時間《じかん》に
だれかいんのかなー
なんだ？あれ——
でかいのがおどってる？
ひょっとして7つめの怪談《かいだん》——!?

やばい!!
あのね
最後《さいご》の七不思議《ななふしぎ》を
知《し》った人《ひと》はね
呪《のろ》われ
ちゃうの
ハァ
ハァ
その人《ひと》はね
次《つぎ》の日《ひ》には
必《かなら》ず
死んじゃうんだってさ――

第1章

学校《がっこう》の七不思議《ななふしぎ》

学校《がっこう》に伝《つた》わる7つの怪談《かいだん》

7つすべてを知《し》ってはいけない

内容《ないよう》は学校《がっこう》によってちがう

危険度《きけんど》

99%

すべてを知《し》ると怪異《かいい》が起《お》きる怪談《かいだん》

キミの学校《がっこう》に伝《つた》わる怪談《かいだん》はいくつあるだろうか。もしすでに学校《がっこう》の怪談《かいだん》を6つ知《し》っているなら、気《き》をつけたほうがいい。

それぞれの学校《がっこう》に伝《つた》わる怪談《かいだん》のことを「学校《がっこう》の七不思議《ななふしぎ》」と呼《よ》ぶ。有名《ゆうめい》な怪談《かいだん》には「トイレの花子《はなこ》さん（→P32）」や「テケテケ（→P22）」などがある。学校《がっこう》によって内容《ないよう》はさまざまだが、7つの怪談《かいだん》すべてを知《し》ってしまうと怪異《かいい》が起《お》きると言《い》われているのだ。

7つすべてを知《し》ることで起《お》きる怪異《かいい》にはいくつかのウワサがあり、7つめを知《し》った次《つぎ》の日《ひ》に死《し》ぬ、20歳《さい》になるまでおぼえていると死《し》ぬ、学校《がっこう》を卒業《そつぎょう》できないなどである。学校《がっこう》の七不思議《ななふしぎ》は7つとは限《かぎ》らず、8つ以上《いじょう》の怪談《かいだん》が存《そん》在《ざい》する学校《がっこう》もあるという。

にげるにはどうする？

8つめの怪談《かいだん》をさがせ！

8つ以上《いじょう》の怪談《かいだん》を知《し》ることで怪異《かいい》からのがれた人《ひと》がいるという。7つすべての怪談《かいだん》を知《し》ってしまったら8つめの怪談《かいだん》をさがそう。ただし8つめを知《し》るのも危険《きけん》というウワサもあるので、怪談《かいだん》を知《し》りすぎないほうがいいだろう。

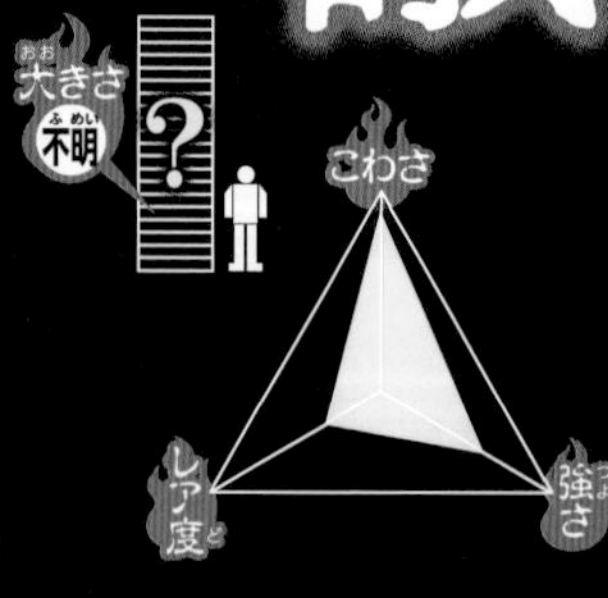

目撃情報《もくげきじょうほう》

図工室《ずこうしつ》の「モナリザの絵《え》（→P104）」や理科室《りかしつ》の「動《うご》くガイコツ模型《もけい》（→P50）」も、学校《がっこう》の七不思議《ななふしぎ》に数《かぞ》えられることが多《おお》い。

保健室《ほけんしつ》の口《くち》さけ女《おんな》

危険度《きけんど》
84%

マスクでさけた口《くち》をかくす保健室《ほけんしつ》の怪人《かいじん》

口《くち》さけ女《おんな》の怪談《かいだん》を、知《し》らない人《ひと》はほとんどいないだろう。夕暮《ゆうぐ》れに赤《あか》いコートを着《き》て、大《おお》きなマスクをした女《おんな》が現《あらわ》れる。とうとつに「私《わたし》、きれい？」と聞《き》いてきて、「はい」と答《こた》えると「これでもきれい？」とたずねながら大《おお》きくさけた口《くち》を見《み》せる怪人《かいじん》だ。「ポマード」と3回唱《かいとな》えるといやがってにげていくという。

実《じつ》はこの口《くち》さけ女《おんな》、下校中《げこうちゅう》だけでなく、学校《がっこう》の中《なか》にも現《あらわ》れることを知《し》っているだろうか。ウワサによれば、ある学校《がっこう》の保健室《ほけんしつ》の先生《せんせい》は大《おお》きなマスクをしていて、その正体《しょうたい》は口《くち》さけ女《おんな》だという。「私《わたし》、きれい？」とたずねてはこないが、マスクをしている理由《りゆう》を聞《き》いてくる子《こ》を食《た》べてしまうという。

保健室《ほけんしつ》の先生《せんせい》のふりをしている

マスクについて質問《しつもん》した子《こ》どもを食《た》べる

水飲《みずの》み場《ば》にも現《あらわ》れる

にげるにはどうする？

「ポマード」と３回唱《かいとな》えるのが有効《ゆうこう》

保健室《ほけんしつ》の口《くち》さけ女《おんな》には、マスクをしている理由《りゆう》をたずねてはいけない。また、学校《がっこう》の外《そと》に現《あらわ》れる口《くち》さけ女《おんな》からにげる方法《ほうほう》も効《き》き目《め》があるようだ。「ポマード」と３回唱《かいとな》える、「にんにく」と何度《なんど》も唱《とな》えるなどが知《し》られている。

マスクの理由《りゆう》を知《し》りたいの？
大《おお》きさ
中《ちゅう》
こわさ
レア度《ど》
強《つよ》さ

目撃情報《もくげきじょうほう》

口《くち》さけ女《おんな》は、小学校《しょうがっこう》の水飲《みずの》み場《ば》にも現《あらわ》れるという。警《けい》備員《びいん》に見《み》つかり、にげる警《けい》備員《びいん》を追《お》いかけて食《た》べてしまったという話《はなし》も伝《つた》わる。

第1章 ムナカタくん

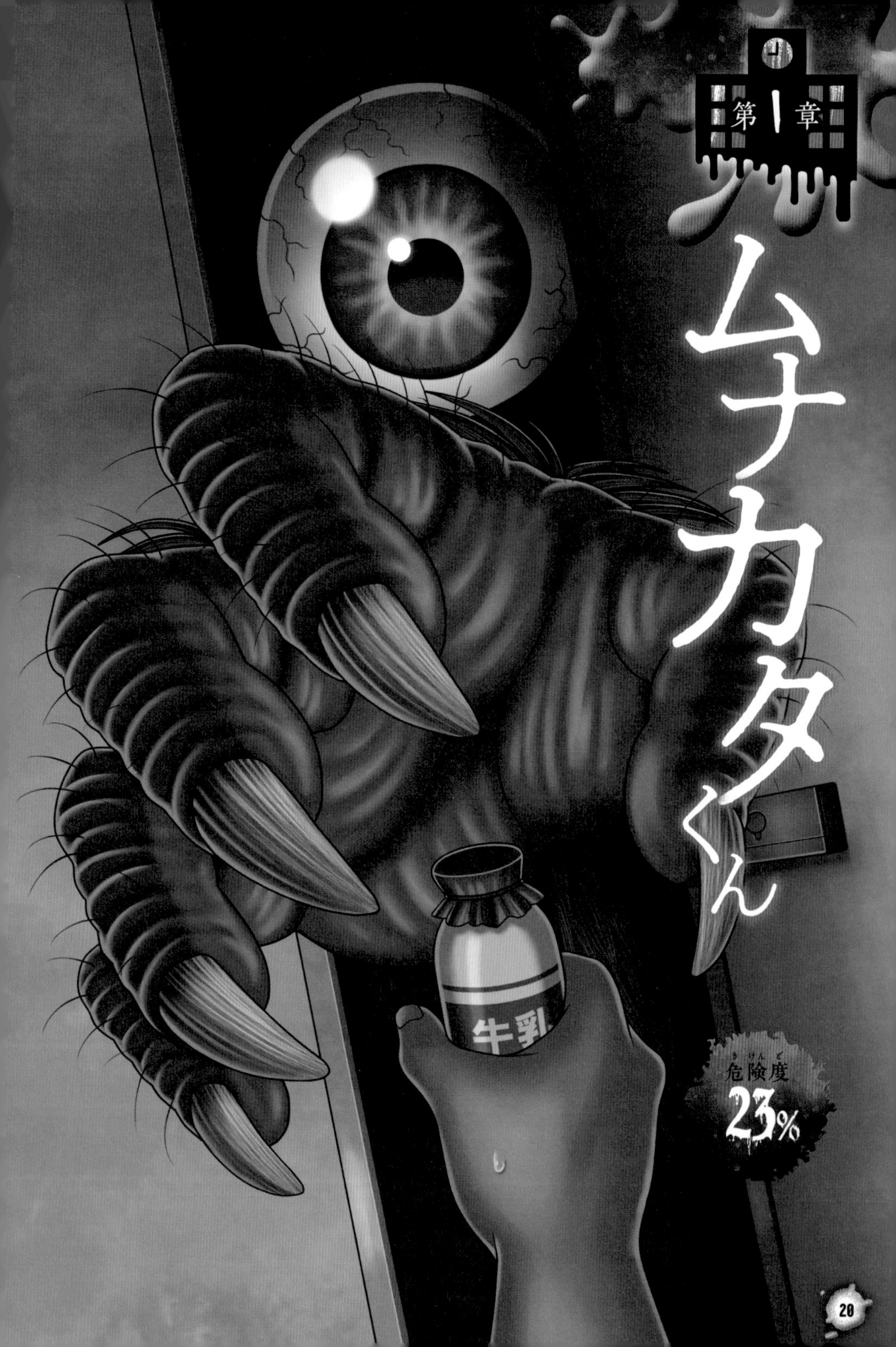

牛乳《ぎゅうにゅう》をほしがる毛《け》むくじゃらの手《て》

ムナカタくんは男子《だんし》トイレに現《あらわ》れる怪人《かいじん》だ。山形県《やまがたけん》の小学校《しょうがっこう》で目撃《もくげき》されており、男子《だんし》トイレに入《はい》ると個室《こしつ》から弱々《よわよわ》しい声《こえ》で「お願《ねが》いです。牛乳《ぎゅうにゅう》を飲《の》ませてください」と聞《き》こえてきた。願《ねが》いどおりに牛乳《ぎゅうにゅう》びんを持《も》っていくと、個室《こしつ》のドアから毛《け》だらけの手《て》がニュッと出《で》てきて牛乳《ぎゅうにゅう》びんを受《う》けとった。その後《ご》、ムナカタくんがいた個室《こしつ》には空《から》の牛乳《ぎゅうにゅう》びんが置《お》かれていた。毛《け》むくじゃらの手《て》以外《いがい》の情報《じょうほう》はなく、どんな見《み》た目《め》をしているかはわからない。

ちなみに、ムナカタくんはトイレットペーパーを投《な》げて遊《あそ》ぶ子《こ》どもに、「だめじゃないか」と注意《ちゅうい》することもあるという。意外《いがい》と真面目《まじめ》な怪人《かいじん》なのかもしれない。

男子《だんし》トイレにいる
牛乳《ぎゅうにゅう》をほしがる
手《て》が毛《け》だらけ

お願《ねが》いです。牛乳《ぎゅうにゅう》を飲《の》ませてください。

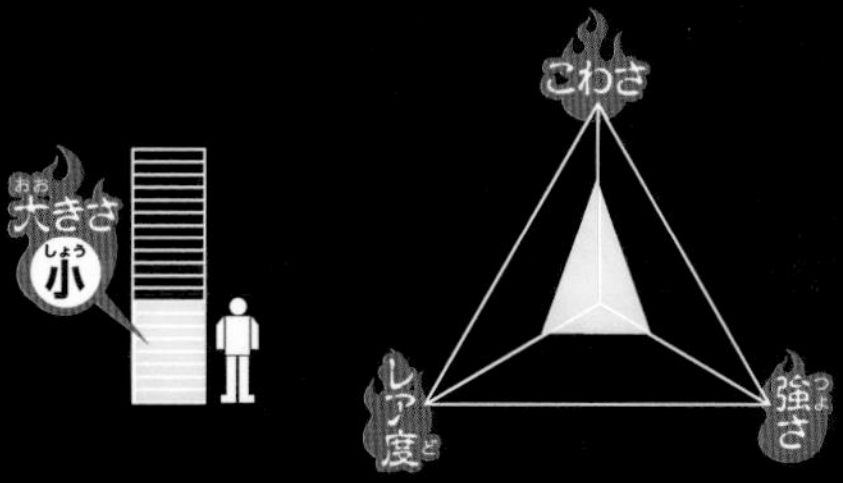

目撃情報《もくげきじょうほう》

ムナカタくんに似《に》た男子《だんし》トイレの怪人《かいじん》に「ムネチカくん」がいる。彼《かれ》は牛乳《ぎゅうにゅう》ではなく薬局《やっきょく》にあるドリンク剤《ざい》をほしがるそうだ。

にげるにはどうする？

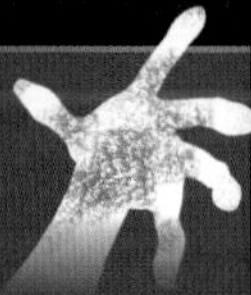

牛乳《ぎゅうにゅう》をわたしてあげよう

ムナカタくんは正体不明《しょうたいふめい》だが、牛乳《ぎゅうにゅう》をほしがるだけなので危険性《きけんせい》は低《ひく》いだろう。目撃談《もくげきだん》のなかには、牛乳《ぎゅうにゅう》をわたさなかった場合《ばあい》にどうなるかという情報《じょうほう》がないが、念《ねん》のため、牛乳《ぎゅうにゅう》を飲《の》ませておいたほうが安心《あんしん》だ。

離《はな》れ離《ばな》れになった化《ば》け物《もの》たち

カァー
すっかりおそくなっちゃったなぁ
ガサ
ガサ
!?
ズザザザザザザザ
テケテケだ!!
た助《たす》けて!!
だれかっ
カッ
カッ

カッ
カッ
よかった
人《ひと》がいた!
カッ
カッ
ひっ!!
テケテケ
!?
テケテケテケェ
うあああ

第1章

テケテケとカツカツさん

テケテケは上半身《じょうはんしん》だけの怪人《かいじん》
カツカツさんは下半身《かはんしん》だけの怪人《かいじん》
はぐれた半身《はんしん》をさがしている

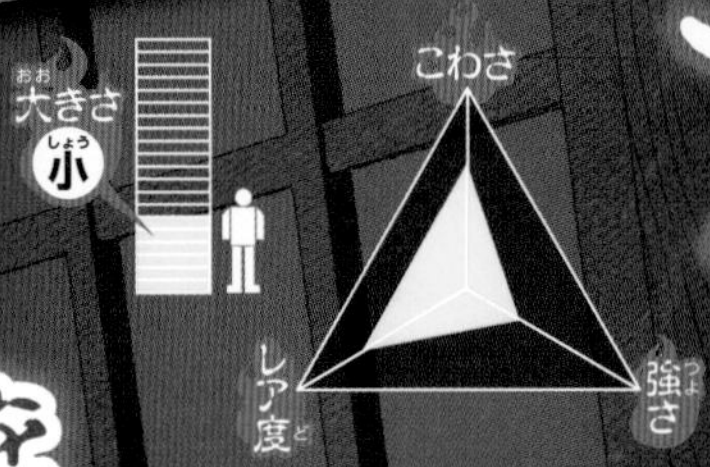

自分《じぶん》の半身《はんしん》をさがす化《ば》け物《もの》たち

学校《がっこう》の怪談《かいだん》といえば、上半身《じょうはんしん》だけの怪人《かいじん》「テケテケ」が有名《ゆうめい》だ。テケテケと音《おと》をたてて超高速《ちょうこうそく》で移動《いどう》し、目撃《もくげき》した子《こ》どもを追《お》いかけてくる。一方《いっぽう》、カツカツさんとは、下半身《かはんしん》だけの怪人《かいじん》だ。テケテケとカツカツさんはもともとひとりの人間《にんげん》であり、カツカツさんは失《うしな》われた上半身《じょうはんしん》であるテケテケをさがして校内《こうない》を歩《ある》き回《まわ》っているのだという。

テケテケはまっすぐにしか進《すす》めないので、追《お》いかけられた場合《ばあい》は急《きゅう》に曲《ま》がればよい。カツカツさんは特《とく》に弱点《じゃくてん》がないが子《こ》どもをおそうという情報《じょうほう》は少《すく》なく、テケテケほど凶暴《きょうぼう》ではなさそうだ。ただしカツカツさんが自分《じぶん》の上半《じょうはん》身《しん》であるテケテケを見《み》つけた場合《ばあい》は、何《なに》が起《お》きるかわからない。

にげるにはどうする？

テケテケのほうが危険《きけん》

より注意《ちゅうい》したいのは人間《にんげん》を追《お》いかけてくるテケテケだ。にげるときに急《きゅう》に方向転換《ほうこうてんかん》してテケテケからにげよう。カツカツさんに会《あ》った場合《ばあい》は、急《いそ》いでにげるしか方法《ほうほう》がなさそうだ。

危険度《きけんど》

85%

目撃情報《もくげきじょうほう》

歩《ある》いている人《ひと》のあとをついてくる「トコトコ」という下半身《かはんしん》だけの怪人《かいじん》もいる。テケテケのようにまっすぐにしか進《すす》めないという。

ブキミちゃん

女子《じょし》トイレの奥《おく》の個室《こしつ》に現《あらわ》れる
首《くび》のない人形《にんぎょう》を持《も》っている
子《こ》どもの首《くび》をねらっている?

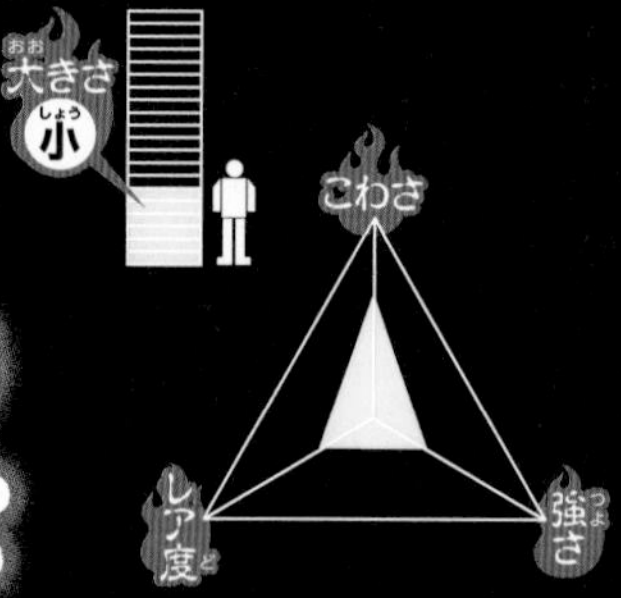

女子《じょし》トイレの不気味《ぶきみ》な少女《しょうじょ》

女子《じょし》トイレにはブキミちゃんという不気味《ぶきみ》な幽霊《ゆうれい》がいる。体《からだ》はぶくぶくとふくれており、口《くち》からはアワを出《だ》し、手《て》には首《くび》のないフランス人形《にんぎょう》を持《も》っているという。ブキミちゃんは、女子《じょし》トイレの奥《おく》の個室《こしつ》の前《まえ》で4回《かい》まわって、6回《かい》ドアをノックすると現《あらわ》れると言《い》われている。

目撃《もくげき》した少女《しょうじょ》によると、トイレで出《で》会《あ》ったブキミちゃんに指《ゆび》さされ、「この子《こ》の首《くび》がいいんじゃないかしら」と言《い》われた友人《ゆうじん》が、のちに事故《じこ》で死《し》んでしまったという。別《べつ》の学校《がっこう》では、悪魔《あくま》のような力《ちから》でなんでも思《おも》い通《どお》りにしてしまう、「遊《あそ》ぼう」とさそってきて「うん」と答《こた》えた人《ひと》は死《し》んでしまうというウワサもある。

目撃情報《もくげきじょうほう》

ブキミちゃんの正体は、ブキミちゃんというあだ名《な》で呼《よ》ばれていた転校生《てんこうせい》、トイレの花子《はなこ》さん(→P32)の妹《いもうと》などのウワサがある。

にげるにはどうする?

呼《よ》び出《だ》さなければこわくない

ブキミちゃんをさけるには、現《あらわ》れる条件《じょうけん》さえ満《み》たさなければいい。ちなみにトイレに関係《かんけい》なく人《ひと》にとりつくブキミちゃんもいるらしいので、必《かなら》ず助《たす》かる保証《ほしょう》はない……。

危険度《きけんど》
84%
この子《こ》の首《くび》がいいんじゃないかしら

第1章 赤《あか》い紙《かみ》青《あお》い紙《かみ》

学校《がっこう》のトイレに古《ふる》くからいる正体《しょうたい》不明《ふめい》の声《こえ》

学校《がっこう》のトイレの個室《こしつ》に入《はい》ったとき、もし何《なに》か声《こえ》が聞《き》こえてきたら、気《き》をつけなければならない。

ウワサでは、トイレの個室《こしつ》に入《はい》って紙《かみ》がなくてこまっていると、どこからともなく「赤《あか》い紙《かみ》はいらんか、青《あお》い紙《かみ》はいらんか」という声《こえ》が聞《き》こえてくるという。ここで「赤《あか》」と答《こた》えると血《ち》だらけになって死《し》んでしまい、「青《あお》」と答《こた》えると首《くび》をしめられて青《あお》ざめて死《し》んでしまうそうだ。他《ほか》にも、質問《しつもん》に白《しろ》い紙《かみ》や黄色《きいろ》い紙《かみ》が加《くわ》わっていたり、選《えら》んだ色《いろ》によって起《お》きることがちがうというウワサもある。

古《ふる》くから伝《つた》わる学校《がっこう》のトイレにまつわる怪物《かいぶつ》だが、だれもその正体《しょうたい》を見《み》たものはいない。

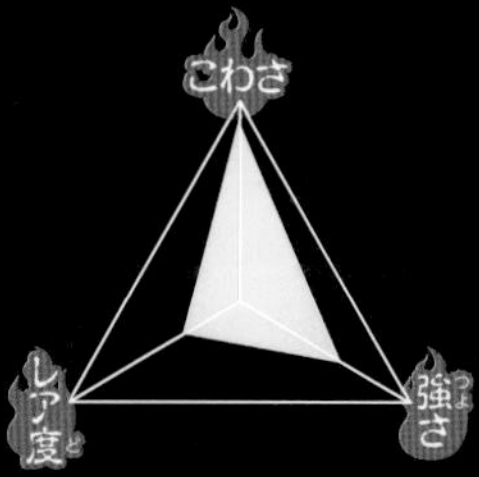

危険度《きけんど》
68%

学校《がっこう》のトイレの個室《こしつ》に出《で》る
「紙《かみ》はいらんか」と聞《き》いてくる
選《えら》んだ色《いろ》によって死《し》に方《かた》が変《か》わる

にげるにはどうする？

「何《なに》もいりません」と答《こた》えよう

ウワサによってさまざまだが、「何《なに》もいらない」と答《こた》えれば助《たす》かると言《い》われている。その他《ほか》、白色《しろいろ》や黄色《きいろ》を選《えら》ぶと助《たす》かることもあるが、異次元《いじげん》へ連《つ》れていかれることもある。赤色《あかいろ》や青色《あおいろ》を選《えら》ぶのはさけたほうがよさそうだ。

目撃情報《もくげきじょうほう》

トイレに現《あらわ》れる声《こえ》だけの怪《かい》人《じん》には、「白《しろ》い手《て》赤《あか》い手《て》」もいる。これは、便器《べんき》から手《て》が出《で》てきて子《こ》どものおしりをなでたりする。

天井《てんじょう》をつきやぶる少女《しょうじょ》

かべをよじ登《のぼ》り 真《ま》上《うえ》に突進《とっしん》する少女《しょうじょ》

学校《がっこう》のろうかで、髪《かみ》が長《なが》くて青白《あおじろ》い顔《かお》をした知《し》らない女《おんな》の子《こ》に声《こえ》をかけられたら、気《き》をつけたほうがいいかもしれない。

とある学校《がっこう》のウワサによると、生徒《せいと》が校舎《こうしゃ》の2階《かい》のろうかを歩《ある》いていたら、髪《かみ》が長《なが》く青白《あおじろ》い顔《かお》の女《おんな》の子《こ》から「理科《りか》室《しつ》はどこですか？」と声《こえ》をかけられた。生徒《せいと》が「3階《かい》ですよ」と答《こた》えると、その女《おんな》の子《こ》は「ありがとう」と小《ちい》さな声《こえ》でつぶやいたあと、ものすごい勢《いきお》いでかべを登《のぼ》り、天井《てんじょう》をつきやぶって3階《かい》に行《い》ってしまったそうだ。

別《べつ》の学校《がっこう》では、校庭《こうてい》に現《あらわ》れたなぞの少女《しょうじょ》に「音楽室《おんがくしつ》はどこ？」と聞《き》かれ、「3階《かい》のはし」と教《おし》えたら校舎《こうしゃ》のかべをよじ登《のぼ》っていったという。

目撃情報《もくげきじょうほう》

このなぞの女《おんな》の子《こ》は、ろうかや校庭《こうてい》でよく目撃《もくげき》されているようだ。学校《がっこう》によっては「クモ女《おんな》」とよばれることもあるという。

危険度《きけんど》
34%

にげるにはどうする？

すなおに教室《きょうしつ》を教《おし》えてあげよう

なぞの女《おんな》の子《こ》に教室《きょうしつ》の場所《ばしょ》をたずねられても、教《おし》えてあげれば女《おんな》の子《こ》はいなくなるから問題《もんだい》ない。ただし、もしウソの教室《きょうしつ》を教《おし》えた場合《ばあい》、どうなるのかはわからない。すなおに正《ただ》しい場所《ばしょ》を答《こた》えたほうがいいだろう。

髪《かみ》が長《なが》くて青白《あおじろ》い顔《かお》をしている
ろうかや校庭《こうてい》に現《あらわ》れる
教室《きょうしつ》の場所《ばしょ》をたずねてくる
理科室《りかしつ》はどこですか？

トイレに出没《しゅつぼつ》する少年少女《しょうねんしょうじょ》
男子便所
ふ〜 間《ま》に合《あ》った…
ジャー
トイレといえば そういや女子《じょし》が…
女子《じょし》トイレには花子《はなこ》さん
きゃー コワ〜イ
男子《だんし》トイレには太郎《たろう》くんが出《で》るらしいよ〜
キャ
きょろ きょろ
た 太郎《たろう》くん…?
コン コン コンッ

しーー…ん
な〜んてな!
ぎゃはは
そんなのいるわけ…
は〜〜い
キィイイ…
え…?
野球《やきゅう》をして遊《あそ》ぼうよ
そんな…
まさかッ…

第1章
トイレの太郎《たろう》くんと花子《はなこ》さん
野球《やきゅう》しようよ
危険度《きけんど》
80%

3番目《ばんめ》のトイレを3回《かい》たたくと現《あらわ》れる
ふたりはきょうだいかもしれない
太郎《たろう》くんは青《あお》い帽子《ぼうし》、
花子《はなこ》さんは赤《あか》いスカートが特徴《とくちょう》

トイレに現《あらわ》れる なぞの少年少女《しょうねんしょうじょ》

トイレの怪人《かいじん》といえば、女子《じょし》トイレのドアを3回《かい》ノックすると現《あらわ》れる「花《はな》子《こ》さん」という少女《しょうじょ》が有名《ゆうめい》だ。そして男子《だんし》トイレには、「太郎《たろう》くん」という少《しょう》年《ねん》の怪人《かいじん》が出《で》るらしい。

太郎《たろう》くんが現《あらわ》れるのは、小学校《しょうがっこう》の2階《かい》にある男子《だんし》トイレだという。3番目《ばんめ》の個室《こしつ》のドアを3回《かい》たたき、「太郎《たろう》くん」と呼《よ》びかけると、青《あお》い帽子《ぼうし》をかぶった少年《しょうねん》が現《あらわ》れるのだ。ドアの上《うえ》に座《すわ》っていたり、「野球《やきゅう》しようよ」と声《こえ》をかけてきたりするらしい。太郎《たろう》くんは目《もく》撃《げき》した人《ひと》を追《お》いかけてきて、どこかに連《つ》れ去《さ》ってしまうといわれている。

ちなみに、太郎《たろう》くんの正体《しょうたい》は、花子《はなこ》さんの兄《あに》か弟《おとうと》、またはボーイフレンドだというウワサがある。

太郎《たろう》くんを追《お》いかける！

太郎《たろう》くんは、にげる人《ひと》を追《お》いかけてくるので、走《はし》ってにげてはいけない。逆《ぎゃく》に、キミのほうから太郎《たろう》くんを追《お》いかけるとたすかるという。花子《はなこ》さんには「ごめんなさい」とあやまるのがおすすめだ。

目撃情報《もくげきじょうほう》

男子《だんし》トイレと女子《じょし》トイレがいっしょになったトイレがある学校では、太郎くんと花子さんの両方が目撃されることもあるという。

ペタペタ

足音《あしおと》だけが近《ちか》づいてくる不気味《ぶきみ》な怪物《かいぶつ》

目撃情報《もくげきじょうほう》

大阪府《おおさかふ》では、ペタペタは「テケテケ」のように上半身《じょうはんしん》だけの怪物《かいぶつ》で、「足《あし》はありません」と言《い》えば消《き》えてしまうというウワサもある。

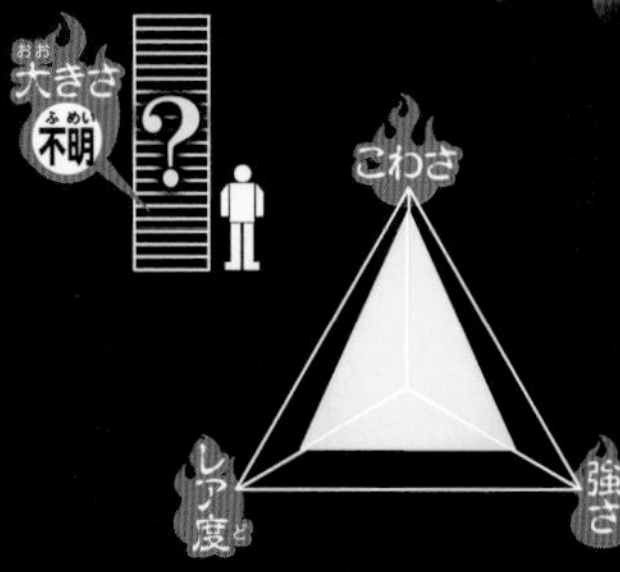

おそい時間《じかん》にひとりで学校《がっこう》のろうかを歩《ある》いていたら、後《うし》ろからペタペタと足音《あしおと》が聞《き》こえてきたが、ふり向《む》いてもだれもいない……という経験《けいけん》はないだろうか。姿《すがた》は見《み》えず、足音《あしおと》だけが聞《き》こえる怪物《かいぶつ》、それが「ペタペタ」だ。

ペタペタに追《お》いかけられたらにげることはできず、追《お》いつかれて手足《てあし》をもぎ取《と》られてしまうという。下校《げこう》のとちゅうで、暗《くら》い道《みち》をひとりで歩《ある》いているときに出会《であ》うこともあるそうだ。

似《に》たような足音《あしおと》だけの怪物《かいぶつ》として「べとべとさん」もいる。べとべとさんは妖怪《ようかい》で、夜《よる》、暗《くら》い道《みち》を歩《ある》いていると、だれかがうしろからついてくる気配《けはい》がするものの、ふり返《かえ》っても何《なに》もいないのだという。

危険度《きけんど》
74%

にげるにはどうする？

追《お》いかけられたらわざと転《ころ》ぼう

もしペタペタに追《お》いかけられたら、わざととちゅうで転《ころ》ぼう。そうすれば助《たす》かると言《い》われている。また、べとべとさんの場合《ばあい》は「べとべとさん、先《さき》へお越《こ》し」という呪文《じゅもん》を唱《とな》えると、消《き》えてくれるそうだ。

姿《すがた》は見《み》えない
ペタペタと足音《あしおと》が聞《き》こえる
つかまると手足《てあし》を取《と》られる
ペタ
ペタ
ペタ…

第1章

ムラサキババア

目撃情報《もくげきじょうほう》

ある小学校《しょうがっこう》では、トイレの個室《こしつ》で「足《あし》を１本《ぽん》ください」という声《こえ》とともにムラサキババアが現《あらわ》れ、足《あし》を取《と》られることもあるそうだ。

にげるにはどうする？

「ムラサキ」と何度《なんど》も唱《とな》えよう

ムラサキババアからにげる方法《ほうほう》はふたつある。ひとつは、紫色《むらさきいろ》のものをなんでもいいから身《み》につけること。もうひとつは「ムラサキ、ムラサキ……」と何度《なんど》も呪文《じゅもん》を唱《とな》えることだ。両方《りょうほう》をおこなえば効果《こうか》ばつぐんだろう。

危険度《きけんど》
80%

子《こ》どもにおそいかかる紫《むらさき》の服《ふく》を着《き》た老婆《ろうば》

学校《がっこう》のトイレにはいろいろな怪人《かいじん》がひそんでいることは、キミも知《し》っているだろう。なかでも大変《たいへん》おそろしい怪人《かいじん》が、ムラサキババアだ。

ムラサキババアは、紫色《むらさきいろ》の着物《きもの》や洋服《ようふく》を着《き》ているおばあさんの姿《すがた》をした怪人《かいじん》だ。子《こ》どもがトイレに入《はい》ると、便器《べんき》の中《なか》や鏡《かがみ》、天井《てんじょう》、かべの穴《あな》など、さまざまな場所《ばしょ》から飛《と》び出《だ》してくる。そして何《なに》も言《い》わずに、罪《つみ》もない子《こ》どもたちをトイレの中《なか》や鏡《かがみ》の世界《せかい》に引《ひ》きずりこんだり、おなかをさいて心臓《しんぞう》などをうばっていったりするのだ。

また、ムラサキババアの正体《しょうたい》はトイレの花子《はなこ》さんのおばさんというウワサもあり、学校《がっこう》によっては、トイレの個室《こしつ》のドアをノックして名前《なまえ》を呼《よ》ぶと現《あらわ》れることもあるそうだ。

- 紫《むらさき》色《いろ》の服《ふく》を着《き》ている
- トイレのかべや鏡《かがみ》、穴《あな》にいる
- 子《こ》どもを連《つ》れ去《さ》る

ぽっかり空《あ》いた
穴《あな》の先《さき》は…
エイタ！こっちにパス！
おおっ
つるっ
やべっ！
ドシン
いてぇ…
ズズズ…
へ？

いっ…!?
ヒイイイ……!!
パシッ
エイタ! 回《まわ》ってーー
タンッ
…あれ?
ターーン
エイタ どこ行《い》った?
ターーン…

第1章

体育館《たいいくかん》の穴《あな》

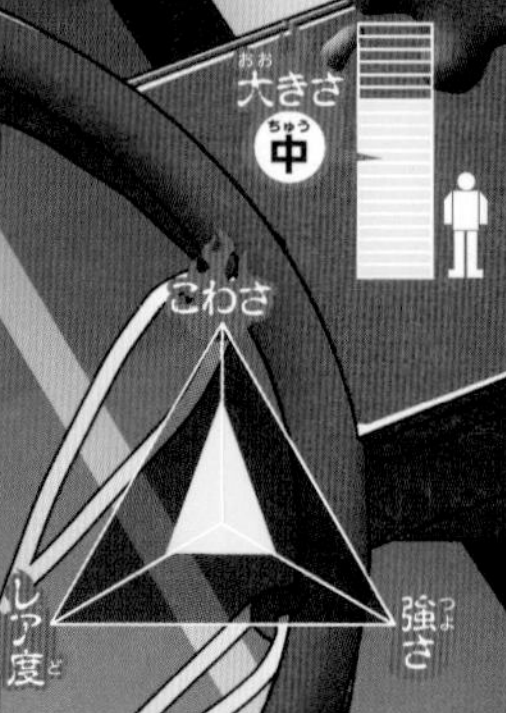

異次元《いじげん》につながる バスケットゴール下《した》の穴《あな》

体育館《たいいくかん》でバスケットボールをするときは、転《ころ》ばないように気《き》をつけたほうがいいだろう。なぜならバスケットゴールの下《した》には、他《ほか》の世界《せかい》につながる穴《あな》があるというウワサがあるからだ。昔《むかし》、バスケットボールクラブに参加《さんか》している少年《しょうねん》がいた。あるとき、少年《しょうねん》が練習《れんしゅう》をしているときにゴール下《した》で転《ころ》んでしまった。すると一瞬《いっしゅん》のうちに姿《すがた》が消《き》えてしまったというのだ。

少年《しょうねん》がどこに行《い》ってしまったのかはわからないが、きっと異次元《いじげん》につながる穴《あな》に落《お》ちてしまったのだろう。ウワサによると、バスケットゴールの下《した》には白髪《しらが》のおばあさんの霊《れい》がうずくまっていることがあるという。ゴール下《した》にはおそろしい何《なに》ものかがひそんでいるのだろうか……。

目撃情報《もくげきじょうほう》

体育館《たいいくかん》には、着物《きもの》にバスケットシューズをはいた「ジャンピングばばあ」もいる。すごいジャンプ力《りょく》でゴールを決《き》めるという怪人《かいじん》だ。

にげるにはどうする？

ゴール下《した》で転《ころ》ばない！

転《ころ》ぶことがなければゴール下《した》に穴《あな》が出現《しゅつげん》することはないようだ。バスケットボールをするときは、転《ころ》ばないように注意《ちゅうい》しよう。もし転《ころ》んでしまったら、すぐにゴール下《した》から離《はな》れるしかないだろう。

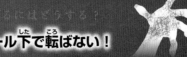

バスケットゴールの下《した》にある穴《あな》
転《ころ》ぶと穴《あな》に落《お》ちる
穴《あな》は別《べつ》の世《せ》界《かい》につながっている
危険度《きけんど》
83%
ゴゴゴゴゴ

ゾンビ看護師《かんごし》

手術《しゅじゅつ》道具《どうぐ》を運《はこ》ぶ看護師《かんごし》姿《すがた》のゾンビ

人《ひと》がいない時間《じかん》の学校《がっこう》に現《あらわ》れるのがゾンビ看護師《かんごし》だ。あるとき、学校《がっこう》に忘《わす》れ物《もの》をとりにいった少年《しょうねん》の耳《みみ》に、廊下《ろうか》の先《さき》からガラガラと何《なに》かを転《ころ》がす音《おと》が聞《き》こえた。音《おと》とともに近《ちか》づいてきたのは、手術用《しゅじゅつよう》の器具《きぐ》を乗《の》せた台車《だいしゃ》を押《お》す看護師《かんごし》だった。白衣《はくい》はボロボロでゾンビのような青白《あおじろ》い顔《かお》で少年《しょうねん》をにらんでいた。少年《しょうねん》はにげたがゾンビ看護師《かんごし》は猛《もう》スピードで追《お》いかけてきた。トイレに入《はい》ってかぎを閉《し》めると看護師《かんごし》はドアをひとつずつ開《あ》けて調《しら》べはじめたので、少年《しょうねん》はこわくて気《き》を失《うしな》ってしまった。

目《め》をさますと静《しず》かになっており、助《たす》かったと安心《あんしん》した少年《しょうねん》がふと顔《かお》をあげると、個室《こしつ》のドアの上《うえ》からゾンビ看護《かんご》師《し》が見下《みお》ろしていたという。

- 手術《しゅじゅつ》道具《どうぐ》を乗《の》せた台車《だいしゃ》を押《お》している
- 猛《もう》スピードで追《お》いかけてくる
- 顔《かお》がゾンビのように青白《あおじろ》い

危険度《きけんど》 79%

目撃情報《もくげきじょうほう》

学校《がっこう》になぜ看護師《かんごし》の姿《すがた》の怪人《かいじん》が出《で》るのかについては、その土地《とち》が、学校《がっこう》が建《た》つ前《まえ》は病院《びょういん》だったからではないかというウワサがある。

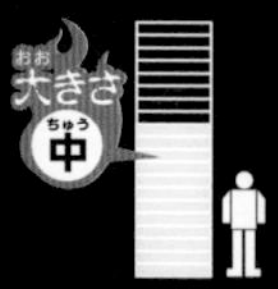

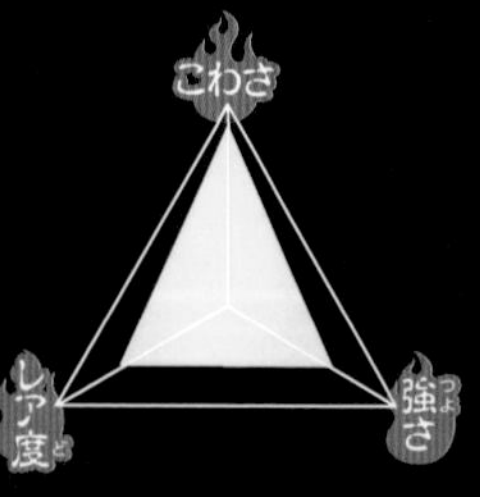

にげるにはどうする？

立《た》ち去《さ》るまでじっとしていよう

ゾンビ看護師《かんごし》は追《お》いかけてくるが、攻撃《こうげき》してくることはあまりなさそうだ。なるべく遠《とお》くににげよう。にげそびれた場合《ばあい》は、いなくなるまで見《み》つからないようにかくれて待《ま》つしかないかもしれない。

第1章

アワ人間《にんげん》

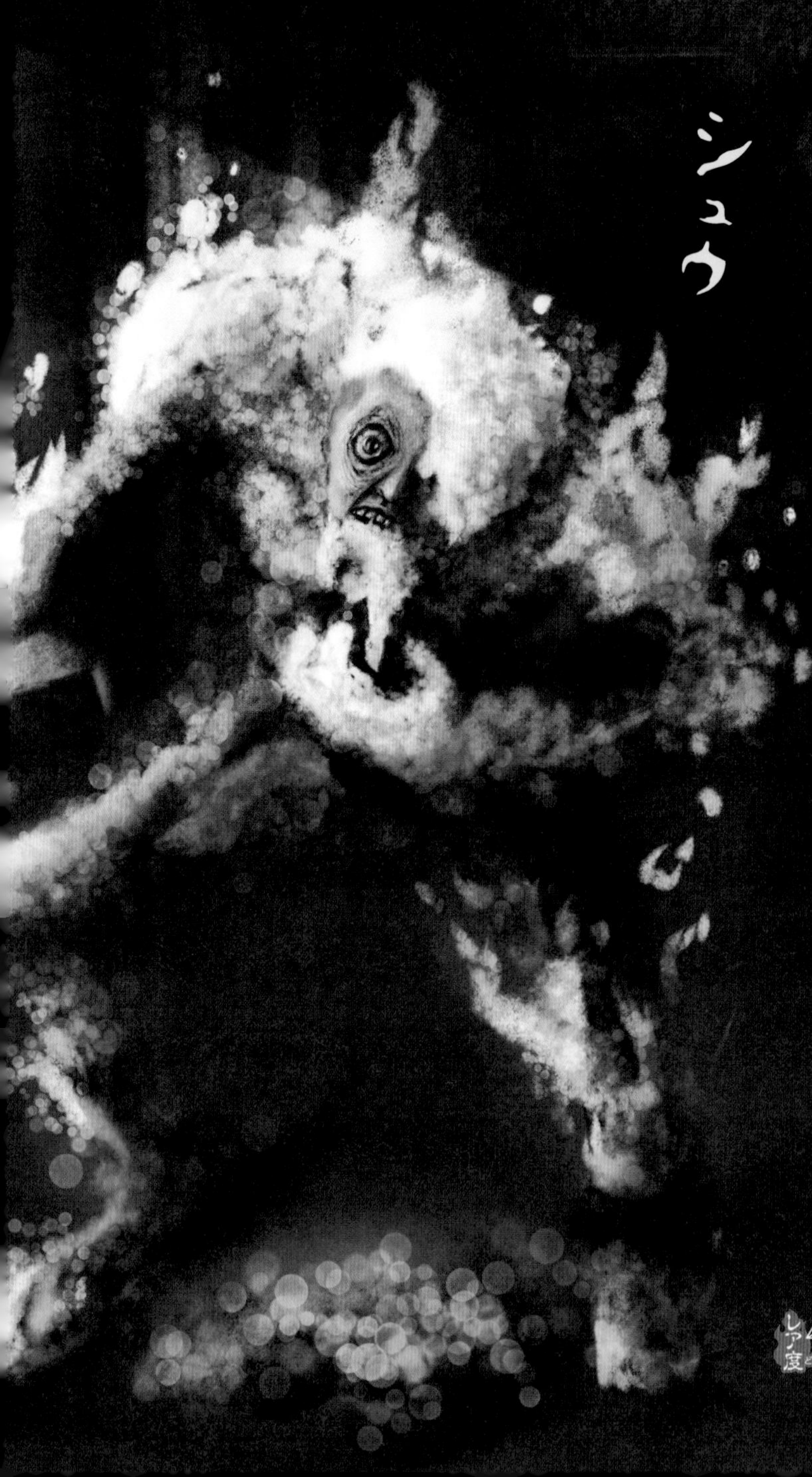

雨《あめ》の日《ひ》の校舎《こうしゃ》に現《あらわ》れる
見《み》つかるとアワを出《だ》して消《き》える
音楽室《おんがくしつ》に出《で》ることもある

危険度《きけんど》
5%

見《み》られたらアワを吹《ふ》いて消《き》える怪人《かいじん》

シュウ……

じめじめとしてうす暗《ぐら》いところは、怪人《かいじん》や幽霊《ゆうれい》が好《この》んでひそんでいると言《い》われている。キミの学校《がっこう》の校舎《こうしゃ》にもそんな場所《ばしょ》はないだろうか？

ある小学校《しょうがっこう》では、北側《きたがわ》の校舎《こうしゃ》のろうかがいつもじめじめしていて、雨《あめ》の日《ひ》になると「アワ人間《にんげん》」という怪人《かいじん》が現《あらわ》れるという。人間《にんげん》をおそってくることはないようだが、もし出会《であ》ってしまうと、アワ人間《にんげん》は目《め》や口《くち》からとつぜん、シュウシュウとアワを吹《ふ》き出《だ》す。そして、みるみるうちに全身《ぜんしん》アワだらけになり、溶《と》けて消《き》えてしまうそうだ。

他《ほか》の小学校《しょうがっこう》では、男性《だんせい》の姿《すがた》で音楽室《おんがくしつ》でピアノを弾《ひ》いているという。目撃者《もくげきしゃ》が声《こえ》をかけたとたん、やはりアワだらけになり消《き》えてしまうそうだ。

目撃情報《もくげきじょうほう》

愛知県《あいちけん》のある小学校《しょうがっこう》では、放課後《ほうかご》、音楽室《おんがくしつ》でピアノを弾《ひ》くアワ人間《にんげん》が目撃《もくげき》され、学校《がっこう》の七不思議《ななふしぎ》として伝《つた》わっているという。

にげるにはどうする？

気《き》づかれないように立《た》ち去《さ》ろう

アワ人間《にんげん》ははずかしがりやなのか、見《み》られたら溶《と》けて消《き》えるだけで、人間《にんげん》をおそうことはないようだ。とはいえ、目《め》の前《まえ》でシュウシュウと音《おと》を立《た》てて消《き》えてしまう光景《こうけい》はおそろしいので、気《き》づかれる前《まえ》ににげよう。

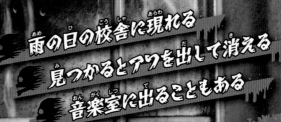

開《あ》かずのロッカー

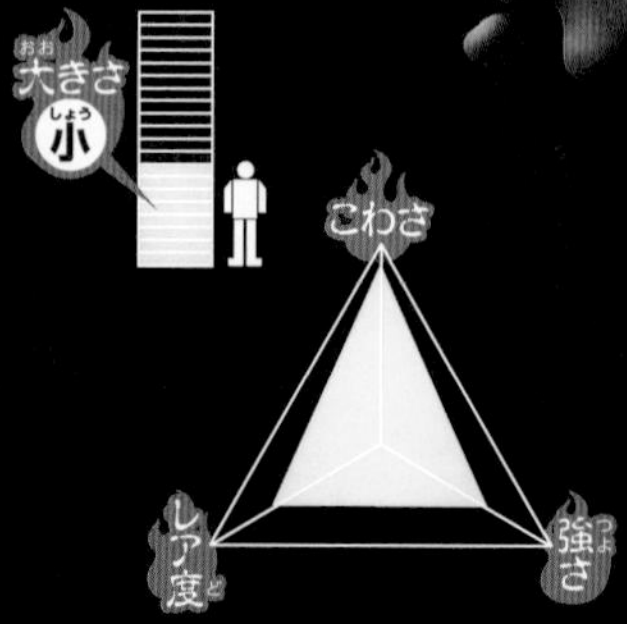

目撃情報《もくげきじょうほう》

昔《むかし》、いじめられていた子《こ》がロッカーに閉《と》じこめられ、死《し》んでしまった事件《じけん》があった。その子《こ》の幽霊《ゆうれい》が今《いま》もロッカーの中《なか》にいるという。

封印《ふういん》されたロッカーにひそむおそろしい霊《れい》

昔《むかし》から「開《あ》けてはいけない何《なに》か」の伝説《でんせつ》がある。開《あ》けてはいけないのは、もし開《あ》けてしまうとおそろしい目《め》にあうかもしれないからだ。

ある小学校《しょうがっこう》に「開《あ》かずのロッカー」と呼《よ》ばれる学校《がっこう》の七不思議《ななふしぎ》があるという。その学校《がっこう》の女子更衣室《じょしこういしつ》にある左《ひだり》から4番目《ばんめ》のロッカーは、いつからかガムテープでふさがれていて、絶対《ぜったい》に開《あ》けてはいけないと言《い》われていた。

ところがあるとき、ひとりの女子《じょし》が好奇心《こうきしん》からロッカーを開《あ》けてしまった。するとロッカーから青白《あおじろ》いうでがのびてきて、女子《じょし》をつかんで引《ひ》きずりこもうとしたそうだ。その女子《じょし》はなんとかふり切《き》り、ロッカーのドアを閉《し》めたので助《たす》かったという。

にげるにはどうする？

全力《ぜんりょく》であばれて手《て》をふり切《き》ろう

ロッカーに引《ひ》きずりこまれたら、もうもどってこられない。もし手《て》をつかまれたら全力《ぜんりょく》でふり切《き》ってにげるしかない。遊《あそ》びの気持《きも》ちで、開《あ》けてはいけないものを開《あ》けてはいけない。

危険度《きけんど》
70%

開《あ》けた
なぁあああ！
ガムテープでふさがれている
ロッカーから青《あお》白《じろ》いうでがのびてくる
ドアを開《あ》けた人《にん》間《げん》を引《ひ》きずりこもうとする

理《り》科《か》室《しつ》の動《うご》くガイコツ

理科室《りかしつ》に忘《わす》れ物《もの》なんてツイてないぜ…
あったあった早《はや》く帰《かえ》ろ…
あそぼ
NOTEBOOK
NOTEBOOK

!?
ガイコツが動《うご》いてる
ガッ
ドアが開《あ》かない!?
あそぼ
うわあああ
あそぼ

第1章

動《うご》くガイコツ模型《もけい》

人《ひと》がいなくなると動《うご》き出《だ》す

人《ひと》を見《み》つけると攻撃《こうげき》してくる

いっしょに遊《あそ》ぶとガイコツ模型《もけい》にされる

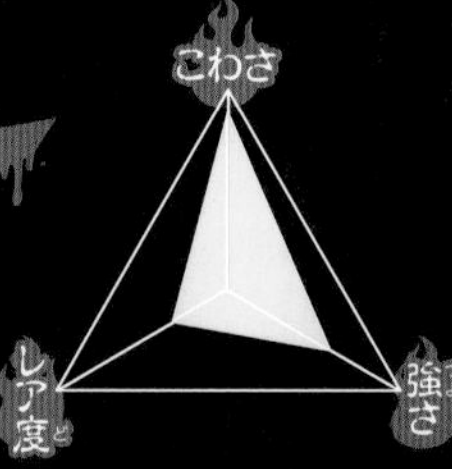

人《ひと》がいなくなると動《うご》き出《だ》す理科室《りかしつ》の怪異《かいい》

ガイコツ模型《もけい》とは、理科室《りかしつ》などに置《お》かれている人間《にんげん》の骨格《こっかく》を勉強《べんきょう》するための模型《もけい》だ。このガイコツ模型《もけい》は、人《ひと》がいない時間《じかん》になると勝手《かって》に動《うご》き出《だ》して校舎《こうしゃ》の中《なか》を走《はし》り回《まわ》ったり、音楽室《おんがくしつ》のピアノに合《あ》わせておどったりするという。

それだけなら危険《きけん》は少《すく》ないが、人間《にんげん》を見《み》つけるとおそいかかってくるというから要注意《ようちゅうい》だ。また、人間《にんげん》と出会《であ》った場合《ばあい》は「遊《あそ》ぼうよ」と声《こえ》をかけてくることもある。もしさそいにのっていっしょに遊《あそ》んでしまった子《こ》どもは、ガイコツ模型《もけい》にされてしまうという。

ガイコツ模型《もけい》には本物《ほんもの》の人間《にんげん》の骨《ほね》が使《つか》われているというウワサがあり、もしかすると模型《もけい》にされたうらみで人《ひと》を憎《にく》んでいるのかもしれない。

にげるにはどうする？

遊《あそ》びにさそわれても断《ことわ》ろう

放課後《ほうかご》の人《ひと》がいなくなった理科室《りかしつ》には近《ちか》づかないのがいちばんだ。もし運悪《うんわる》くガイコツ模型《もけい》に出会《であ》ってしまったら「遊《あそ》ぼうよ」という声《こえ》が聞《き》こえても無視《むし》するしかない。急《いそ》いで学校《がっこう》からにげよう。

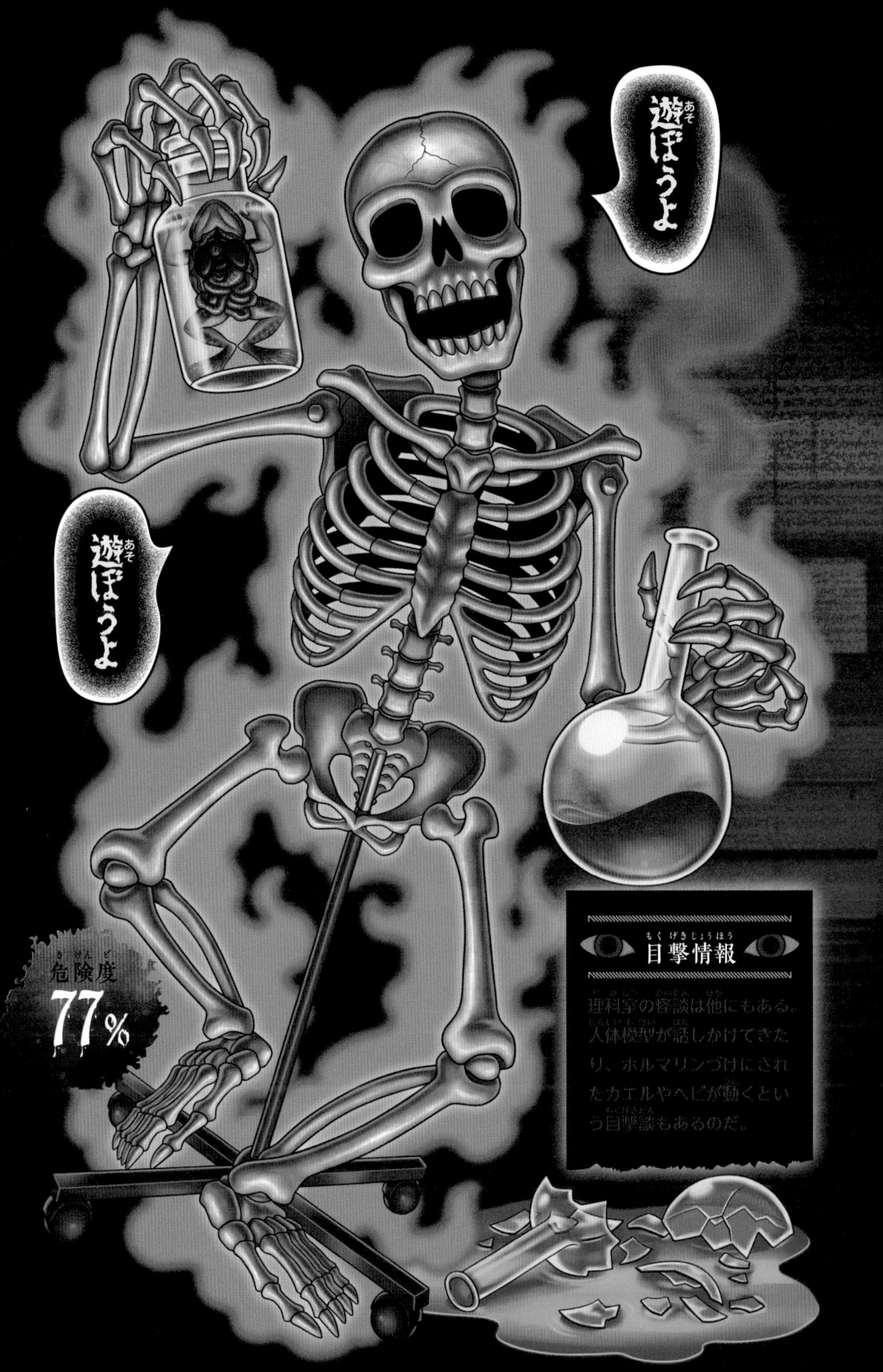

目撃情報《もくげきじょうほう》

理科室《りかしつ》の怪談《かいだん》は他《ほか》にもある。人体模型《じんたいもけい》が話《はな》しかけてきたり、ホルマリンづけにされたカエルやヘビが動くという目撃談《もくげきだん》もあるのだ。

第1章

異次元に通じる鏡

キミの学校《がっこう》に大《おお》きな鏡《かがみ》はあるだろうか。ある学校《がっこう》では4時《じ》44分《ふん》ちょうどに階段《かいだん》のおどり場《ば》の鏡《かがみ》に姿《すがた》を映《うつ》すと、たましいをうばわれるというウワサがあった。実際《じっさい》にそれをやってみた少女《しょうじょ》がいたが、その時間《じかん》に鏡《かがみ》の前《まえ》に立《た》っても何《なに》も起《お》きなかった。その後《ご》、部活《ぶかつ》に行《い》って帰《かえ》りがおそくなった少女《しょうじょ》が夜《よる》の7時《じ》16分《ぷん》ちょうどに鏡《かがみ》の前《まえ》を通《とお》った。すると鏡《かがみ》の中《なか》の自分《じぶん》が笑《わら》ったかと思《おも》うと、手《て》を出《だ》してきて少女《しょうじょ》を鏡《かがみ》の中《なか》に引《ひ》きずりこんでしまったという。鏡《かがみ》の中《なか》では左右《さゆう》が逆《ぎゃく》になるので、こちらの世界《せかい》の7時《じ》16分《ふん》の時計《とけい》が鏡《かがみ》に映《うつ》ると4時《じ》44分《ふん》になる。少女《しょうじょ》はその時間《じかん》に鏡《かがみ》を見《み》てしまったのだ。たましいがうばわれるというウワサは本当《ほんとう》だったようだ。

姿《すがた》を映《うつ》すと たましいをうばわれる

にげるにはどうする？

7時《じ》16分《ぶん》に気《き》をつけよう！

鏡《かがみ》の世界《せかい》とは時計《とけい》の向《む》きが逆《ぎゃく》になることをおぼえておくといい。7時《じ》16分《ぶん》が近《ちか》づいたら、階段《かいだん》にある鏡《かがみ》には絶対《ぜったい》に姿《すがた》が映《うつ》らないようにして鏡《かがみ》の中《なか》に連《つ》れていかれないようにしよう。

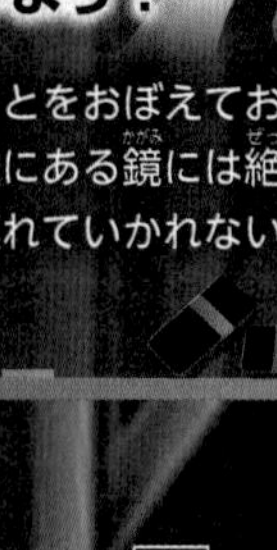

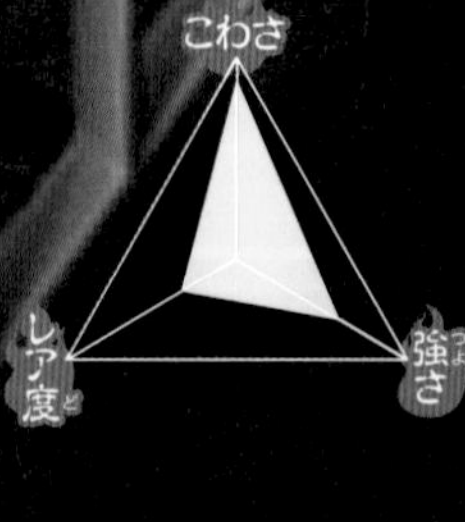

危険度《きけんど》
86%

ニコッ

階段《かいだん》のおどり場《ば》にある大《おお》きな鏡《かがみ》

決《き》まった時間《じかん》に映《うつ》るとたましいをうばわれる

鏡《かがみ》の中《なか》の自分《じぶん》に引《ひ》きずりこまれる

目撃情報《もくげきじょうほう》

4時《じ》44分《ふん》44秒《びょう》から4分間《ふんかん》、鏡《かがみ》の前《まえ》にいると、行方不明《ゆくえふめい》だった子《こ》が出《で》てくる代《か》わりに鏡《かがみ》の中《なか》に閉《と》じこめられるというウワサもある。

七本《ななほん》の矢《や》

矢《や》が向《む》かってくる禁《きん》じられた言葉《ことば》

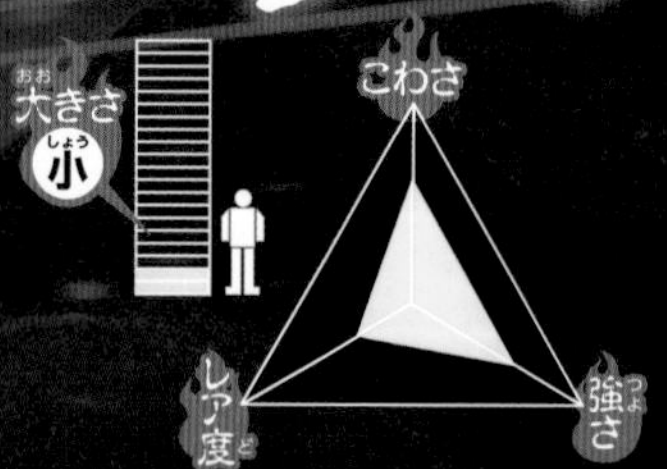

現在《げんざい》、全国《ぜんこく》の小学校《しょうがっこう》では屋上《おくじょう》に上《あ》がることは禁《きん》じられている場合《ばあい》が多《おお》いという。その理由《りゆう》は、学校《がっこう》の屋上《おくじょう》ではさまざまな怪異《かいい》が起《お》こってしまうからかもしれない。

七本《ななほん》の矢《や》とは、東京《とうきょう》にある学校《がっこう》に伝《つた》わる怪談《かいだん》だ。その学校《がっこう》では西《にし》にある階《かい》段《だん》から屋上《おくじょう》に上《あ》がることができた。屋《おく》上《じょう》に上《あ》がった少年《しょうねん》が「七本《ななほん》の矢《や》」と口《くち》にすると、背後《はいご》からどこからともなく矢《や》が飛《と》んでくるという。飛《と》んできた矢《や》によって少年《しょうねん》がどうなったかは不明《ふめい》だが、大《だい》ケガをする可能性《かのうせい》もある危険《きけん》な怪談《かいだん》である。京都《きょうと》にある学校《がっこう》にも屋上《おくじょう》

目撃情報《もくげきじょうほう》

神奈川《かながわ》の学校にいる妖怪は屋上に現れる。屋上でねている子どもの前にあらわれて、自分の代わりに学校の妖怪に変えてしまうという。

屋上《おくじょう》に上《あ》がれる学校《がっこう》で起《お》きる「七本《ななほん》の矢《や》」と言《い》う矢《や》が飛《と》んでくる

危険度《きけんど》

78%

にげるにはどうする？

言葉《ことば》を口《くち》にしないのがいちばん！

「七本《ななほん》の矢《や》」という言葉《ことば》に反応《はんのう》して矢《や》が飛《と》んでくるので、この言葉《ことば》を言《い》わなければいい。そもそも屋上《おくじょう》は危《あぶ》ない場《ば》所《しょ》なので、なるべく近《ちか》よらないほうがいいだろう。

の怪談《かいだん》がある。屋上《おくじょう》で「白《しろ》い着物《きもの》のガイコツさん」と口《くち》にすると、北《きた》の方角《ほうがく》にドクロが浮《う》かんで見《み》えるという。

第1章

動《うご》く二宮金次郎像《にのみやきんじろうぞう》

学校《がっこう》であばれまわる像《ぞう》の怪異《かいい》

昔《むかし》ながらの学校《がっこう》に置《お》かれていることが多《おお》いのが、二宮金次郎像《にのみやきんじろうぞう》だ。背中《せなか》にまきを背負《せお》いながら本《ほん》を読《よ》んで勉学《べんがく》をがんばっている少年《しょうねん》の像《ぞう》である。立派《りっぱ》な人物《じんぶつ》の像《ぞう》である一方《いっぽう》で、たくさんの怪異《かいい》を起《お》こす学校《がっこう》の怪談《かいだん》のひとつとしても有名《ゆうめい》だ。石《いし》でできているのに目《め》が光《ひか》る、なみだを流《なが》す、手《て》に持《も》っている本《ほん》のページがめくれる、背負《せお》っているまきの数《かず》が日《ひ》によって変《か》わるなど……。

さらには夜《よる》になると歩《ある》き出《だ》し、校庭《こうてい》を走《はし》ったり、刀《かたな》を持《も》ってきて人《ひと》の首《くび》を切《き》ろうとしたりしてくるというウワサもある。夜《よる》の0時《じ》に金次郎像《きんじろうぞう》の周《まわ》りを21周《しゅう》すると、像《ぞう》のうでがのびてきて首《くび》をしめられるという話《はなし》もある。学校《がっこう》の怪談《かいだん》の中《なか》でも特《とく》に気《き》をつけたい怪人《かいじん》である。

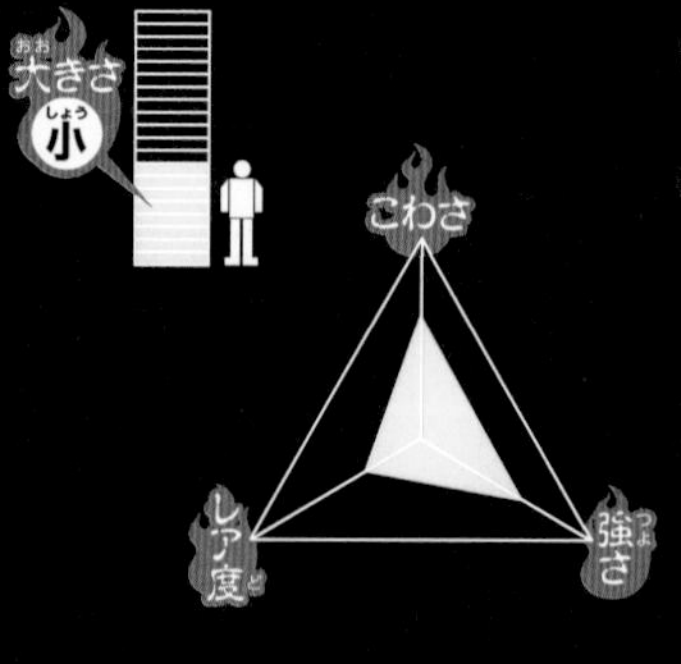

目撃情報《もくげきじょうほう》

同《おな》じく有名《ゆうめい》な学校《がっこう》の怪談《かいだん》である「トイレの花子《はなこ》さん（→P32）」と、夜《よる》になると校庭《こうてい》で競走《きょうそう》しているという目撃談《もくげきだん》もある。

にげるにはどうする？

トマトが苦手《にがて》らしい

二宮金次郎像《にのみやきんじろうぞう》は、背中《せなか》のまきの数《かず》をかぞえただけでも呪《のろ》われるというウワサもあり、非常《ひじょう》にやっかいな存在《そんざい》だ。ただしトマトが苦手《にがて》という情報《じょうほう》があるので、いざとなったらトマトで戦《たたか》うしかない。

ギロッ
夜《よる》になると歩《ある》き出《だ》す
目《め》が光《ひか》ったり、本《ほん》がめくれたりする
刀《かたな》を持《も》って攻《こう》撃《げき》してくる
危険度《きけんど》
84%

「トイレの怪《かい》人《じん》・怪《かい》物《ぶつ》」研究レポート

学校《がっこう》の中《なか》でも、特《とく》にトイレにはこわいウワサがたくさんある。気《き》をつけたいトイレに出《で》るという怪人《かいじん》や怪物《かいぶつ》を分析《ぶんせき》しよう

トイレの怪談《かいだん》は江戸時代《えどじだい》からある

トイレに出《で》る妖怪《ようかい》は江戸時代《えどじだい》に書《か》かれた本《ほん》にものっている。トイレに入《はい》ると、手《て》が出《で》てきておしりをなでられたという内容《ないよう》だ。現代《げんだい》の学校《がっこう》でも「白《しろ》い手《て》赤《あか》い手《て》」という似《に》た怪談《かいだん》が伝《つた》わっている。おしりをなでるだけでなく、便器《べんき》の中《なか》に引《ひ》きずりこむこともあるという、おそろしいトイレの怪物《かいぶつ》だ。

出現《しゅつげん》ルールがある怪人《かいじん》もいる

「トイレの太郎《たろう》くんと花子《はなこ》さん」(→P32) のように、出現《しゅつげん》する場合《ばあい》のルールが決《き》まっている怪人《かいじん》は多《おお》い。４月《がつ》４日午後《かごご》４時《じ》44分《ふん》44秒《びょう》にトイレのドアをたたくと出《で》てきて子《こ》どもを連《つ》れ去《さ》る「４時《じ》ババア」や、呪文《じゅもん》をとなえて指《ゆび》を鳴《な》らすとトイレの鏡《かがみ》から出《で》てくる「リリーさん」などもいる。

海外《かいがい》にもトイレの怪人《かいじん》はいる

学校《がっこう》のトイレがこわいのは、日本《にほん》だけではない。南《みなみ》アフリカでは、女子《じょし》トイレにピンクの服《ふく》を着《き》て入《はい》ると「ピンキー・ピンキー」という幽霊《ゆうれい》がピンクの服《ふく》をうばおうとする。スペインでは、学校《がっこう》のトイレの個室《こしつ》でドアをノックされたら、その相手《あいて》は昔《むかし》トイレで死《し》んだ人《ひと》の幽霊《ゆうれい》だとする怪談《かいだん》がある。

「トイレの怪人《かいじん》・怪物《かいぶつ》」の傾向《けいこう》チャート

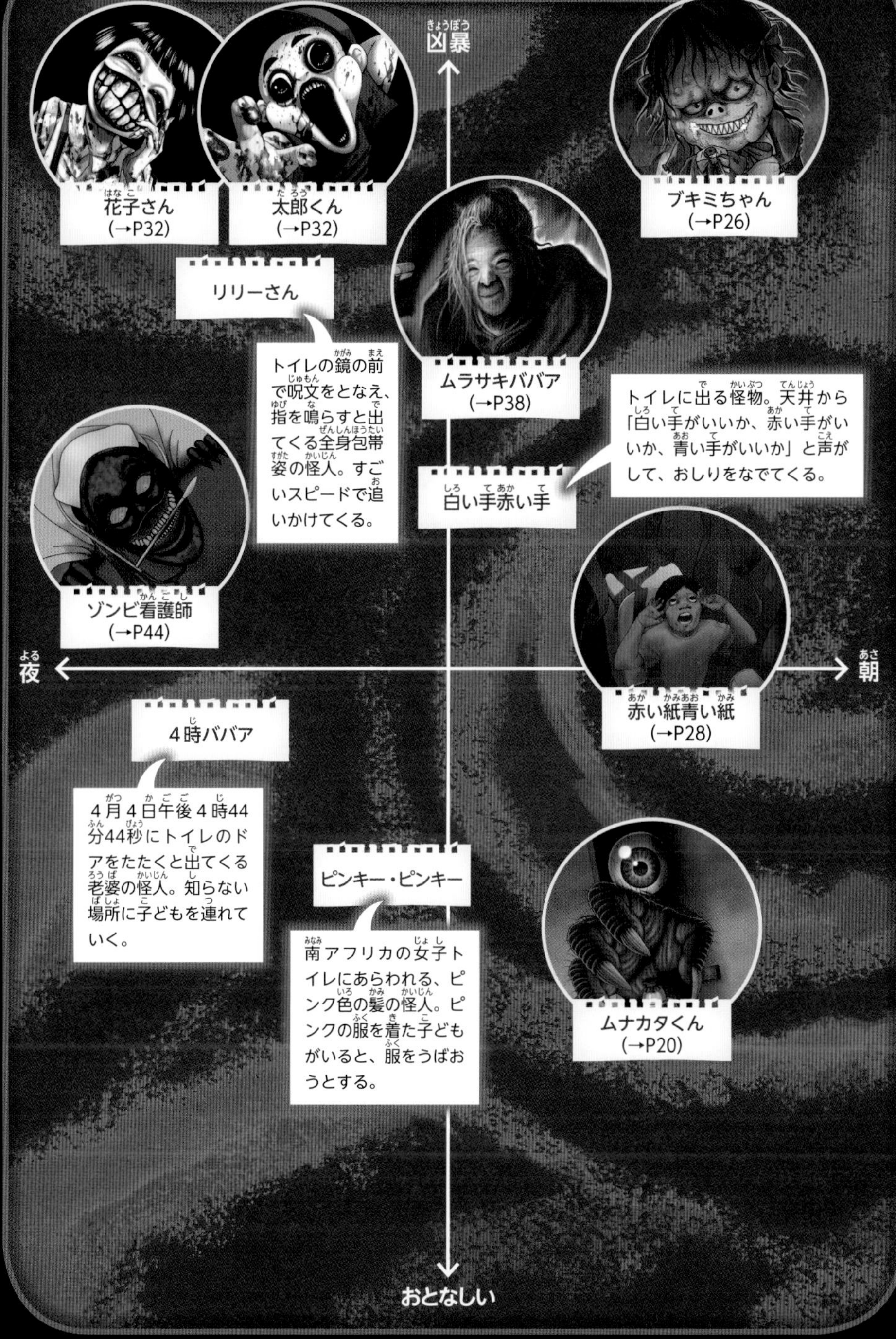
凶暴《きょうぼう》
花子《はなこ》さん
(→P32)
太郎《たろう》くん
(→P32)
ブキミちゃん
(→P26)
リリーさん
トイレの鏡《かがみ》の前《まえ》で呪文《じゅもん》をとなえ、指《ゆび》を鳴《な》らすと出《で》てくる全身包帯《ぜんしんほうたい》姿《すがた》の怪人《かいじん》。すごいスピードで追《お》いかけてくる。
ムラサキババア
(→P38)
トイレに出《で》る怪物《かいぶつ》。天井《てんじょう》から「白《しろ》い手《て》がいいか、赤《あか》い手《て》がいいか、青《あお》い手《て》がいいか」と声《こえ》がして、おしりをなでてくる。
白《しろ》い手《て》赤《あか》い手《て》
ゾンビ看護師《かんごし》
(→P44)
夜《よる》
朝《あさ》
赤《あか》い紙《かみ》青《あお》い紙《かみ》
(→P28)
4時《じ》ババア
4月《がつ》4日《か》午後《ごご》4時《じ》44分《ふん》44秒《びょう》にトイレのドアをたたくと出《で》てくる老婆《ろうば》の怪人《かいじん》。知《し》らない場所《ばしょ》に子《こ》どもを連《つ》れていく。
ピンキー・ピンキー
南《みなみ》アフリカの女子《じょし》トイレにあらわれる、ピンク色《いろ》の髪《かみ》の怪人《かいじん》。ピンクの服《ふく》を着《き》た子《こ》どもがいると、服《ふく》をうばおうとする。
ムナカタくん
(→P20)
おとなしい

もし怪異《かいい》に出会《であ》ってしまったら!?

悪霊退散《あくりょうたいさん》アクション

ー攻撃編《こうげきへん》ー

印《いん》と呪文《じゅもん》の監修《かんしゅう》／LUA

もし怪人《かいじん》や怪物《かいぶつ》におそわれたら？
魔物《まもの》をひるませる、攻撃型《こうげきがた》のおはらい法《ほう》を紹介《しょうかい》する。

印《いん》を結《むす》ぶ！

魔物《まもの》をねじふせる力《ちから》をもつ降三世明王《ごうざんぜみょうおう》という仏《ほとけ》さまの力《ちから》を借《か》りる印《いん》(しぐさ)だ。右手《みぎて》が前《まえ》になるように両手首《りょうてくび》を胸《むね》の前《まえ》で交差《こうさ》し、小指《こゆび》をからめて人差《ひとさ》し指《ゆび》を立《た》てよう。最後《さいご》に、中指《なかゆび》と薬指《くすりゆび》で親指《おやゆび》を包《つつ》んで、印《いん》が完成《かんせい》する。

呪文《じゅもん》を唱《とな》える！

印《いん》を結《むす》んだら、「**オン・ソンバ・ニソンバ・ウン・バザラ・ウン・パッタ**」と呪文《じゅもん》を唱《とな》えよう。この呪文《じゅもん》を唱《とな》えれば、降三世明王《ごうざんぜみょうおう》の力《ちから》をさらに高《たか》めることができる。どんな怪人《かいじん》や怪物《かいぶつ》も、明王《みょうおう》の力《ちから》にねじふせられるはずだ。

左《ひだり》の肩《かた》ごしに つばを３回《かい》はく！

肩《かた》が重《おも》いと感《かん》じたら、魔物《まもの》がすぐそばにいるサインかもしれない。左《ひだり》の肩《かた》ごしに後《うし》ろをふり返《かえ》り、「ぺっぺっぺっ」と３回《かい》つばをはこう。人間《にんげん》のつばには古《ふる》くから呪力《じゅりょく》が宿《やど》るとされ、魔物《まもの》がいやがり去《さ》っていくだろう。

きつねのポーズを作《つく》る！

強《つよ》い霊力《れいりょく》をもつというきつねの力《ちから》を借《か》りたしぐさだ。親指《おやゆび》、中指《なかゆび》、薬指《くすりゆび》を合《あ》わせて、人差《ひとさ》し指《ゆび》と小指《こゆび》を立《た》てよう。これがきつねのポーズだ。ポーズを作《つく》る手《て》は左《さ》右《ゆう》どちらでもOK。魔物《まもの》に向《む》けて「去《さ》れ！」と念《ねん》じながらつき出《だ》そう。

やってはいけない！

バッドアクション

教室《きょうしつ》で１時間以上《じかんいじょう》 こわい話《はなし》をしてはいけない……

「こわい話《はなし》をすると霊《れい》が話《はなし》を聞《き》きにくる」というウワサがある。特《とく》に教室《きょうしつ》のような四角《しかく》い部屋《へや》は要注意《ようちゅうい》だ。悪《わる》いものが集《あつ》まりやすいとされ、こわい話《はなし》を１時間以上続《じかんいじょうつづ》けていると、幽霊《ゆうれい》でいっぱいになると言《い》われている。

第《だい》2章《しょう》

教《きょう》室《しつ》の恐《きょう》怖《ふ》

楽《たの》しい空《くう》間《かん》をおびやかす
魔《ま》の世《せ》界《かい》の住《じゅう》人《にん》たち。

いつもの机《つくえ》、イス、黒板《こくばん》、窓《まど》……。

おかしなことはないだろうか？

目《め》の前《まえ》のクラスメートの笑《わら》い声《ごえ》が
悲鳴《ひめい》に変《か》わるかもしれない。

ああ、キミの後《うし》ろで
「ソレ」が息《いき》を
ひそめている……。

ム認定《にんてい》！

呼《よ》び出《だ》されたものの正体《しょうたい》
ハートをかいて
わかってるって
はい いいえ
ねえ…本当《ほんとう》にするの？
あ…あぶなくない？
えー
あんたが言《い》ったんでしょ井上《いのうえ》に好《す》きな人《ひと》いるか知《し》りたいって
う…ん
もー早《はや》く！

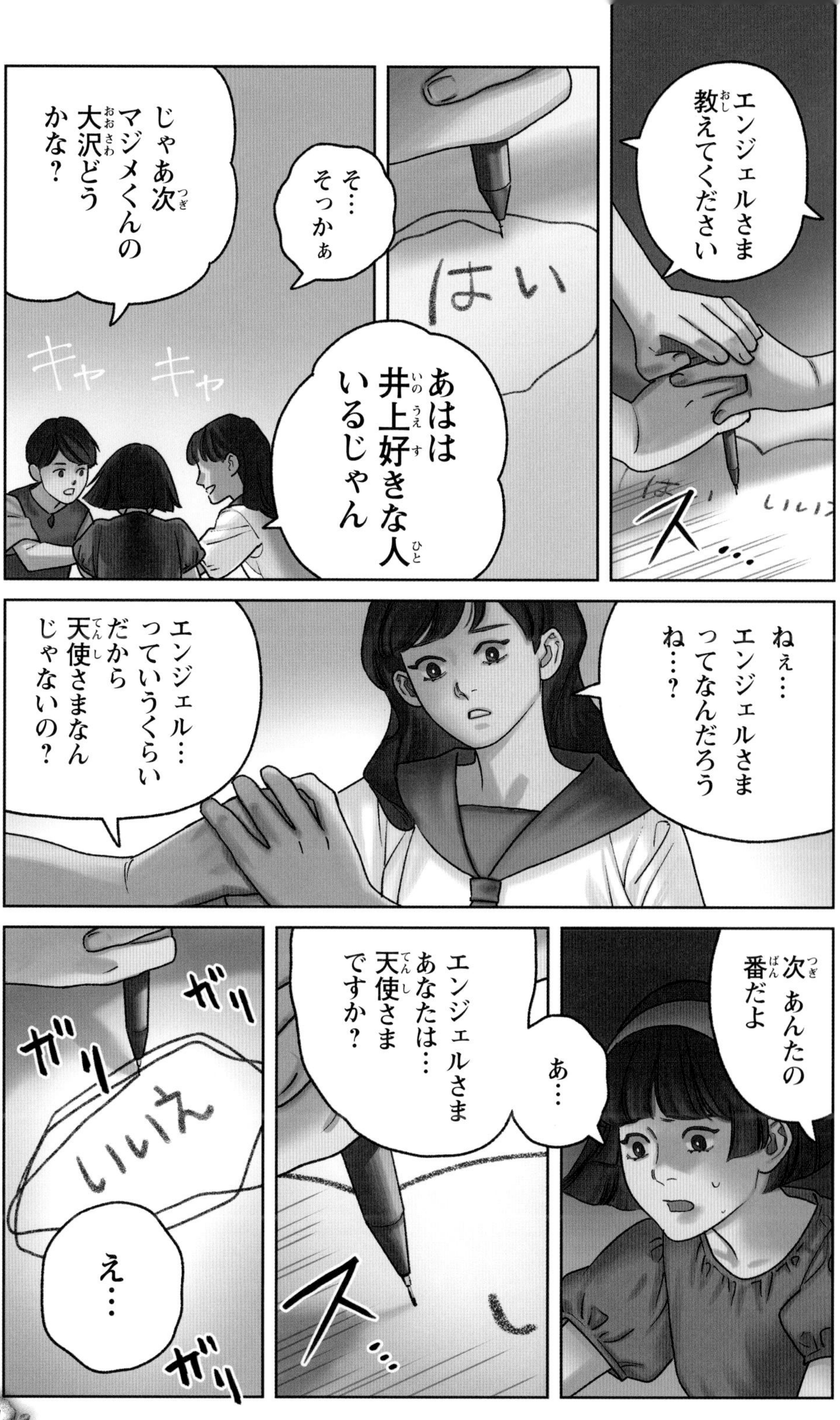
エンジェルさま教《おし》えてください
ス…
そ…そっかぁ
はい
あはは井上《いのうえ》好《す》きな人《ひと》いるじゃん
じゃあ次《つぎ》マジメくんの大沢《おおさわ》どうかな？
キャ キャ
ねぇ…エンジェルさまってなんだろうね…？
エンジェル…っていうくらいだから天使《てんし》さまなんじゃないの？
次《つぎ》あんたの番《ばん》だよ
あ…
エンジェルさまあなたは…天使《てんし》さまですか？
ス…
し
ガリ
ガリ
いいえ
え…
ガリ

え…エンジェルさまは…悪魔《あくま》ですか？
やめてよそんな質問《しつもん》！
いいえ
…いいえ
よかった…
エンジェルさま
あなたはよいエンジェルさまですか？
ス…

ガリ
ガリ
いいえ
ガリ
ガリ
ガリ
ガリ
ガリ
ガリ
い…いや!
ダメ
とちゅうで止《と》めたら…
呪《のろ》われる
ガリ
ガリ
じゃあどうすんの
ガリ
エンジェルさま お帰《かえ》りください
お帰《かえ》りください
お帰《かえ》りください
いいえ
ママ〜〜
お願《ねが》いします
ガリ
ガリ
ガリ

紙《かみ》とペンで呼《よ》び出《だ》せる

質問《しつもん》に答《こた》えてくれる

エンジェルさまの正体《しょうたい》は不明《ふめい》

エンジェルさま

「エンジェルさま」を呼《よ》び出《だ》して、知《し》りたいことに答《こたえ》えてもらう占《うらな》いがある。方法《ほうほう》はいくつかあるが、1枚《まい》の紙《かみ》を用《よう》意《い》し、真《ま》ん中《なか》にハート、左右《さゆう》に「はい（Yes）」と「いいえ（No）」、上《うえ》にアルファベット、下《した》に数字《すうじ》を書《か》くというやり方《かた》が基本《きほん》だ。ふたり以上《いじょう》でえんぴつやペンをにぎり、エンジェルさまを呼《よ》び出《だ》す呪文《じゅもん》を唱《とな》える。そのあとは質問《しつもん》をすれば、えんぴつが勝手《かって》に動《うご》いて答《こた》えてくれるという。

この占《うらな》いは、降霊術《こうれいじゅつ》と呼《よ》ばれるものの一種《いっしゅ》だ。降霊術《こうれいじゅつ》とは別《べつ》の世界《せかい》にいる霊《れい》を呼《よ》び出《だ》して、占《うらな》いをするというもの。エンジェルさまの正体《しょうたい》も霊《れい》のような存在《そんざい》なのであれば、人間《にんげん》の常識《じょうしき》が通《つう》用《よう》しないかもしれない。

質問《しつもん》に答《こた》えてくれるなぞの存在《そんざい》

危険度《きけんど》
51%

にげるにはどうする？

お礼《れい》をして帰《かえ》ってもらおう

エンジェルさまが安全《あんぜん》な存在《そんざい》かはわからないので、呼《よ》び出《だ》して答《こた》えてもらったらお礼《れい》をして帰《かえ》ってもらおう。紙《かみ》に食《た》べ物《もの》の絵《え》を描《か》いておけば、帰《かえ》るときにエンジェルさまに食《た》べてもらうという儀式《ぎしき》になるそうだ。

目撃情報《もくげきじょうほう》

エンジェルさまとよく似《に》た占《うらな》いに「こっくりさん」がある。これはキツネの霊《れい》を呼《よ》び出《だ》して、質問《しつもん》に答《こた》えてもらうという占《うらな》いだ。

AI《エーアイ》ババア

パソコンの中《なか》へ引《ひ》きずりこむおそろしい老婆《ろうば》

- 4月《がつ》4日《か》4時《じ》44分《ふん》に現《あらわ》れる
- おばあさんのような姿《すがた》をしている
- パソコンのモニターから出《で》てくる

目撃情報《もくげきじょうほう》

４月《がつ》４日《か》午後《ごご》４時《じ》44分《ふん》44秒《びょう》、トイレのドアを４回《かい》たたくと「４時《じ》ババア」が現《あらわ》れ、どこかへ連《つ》れ去《さ》られるというウワサもある。

1年《ねん》に一度《いちど》、学校《がっこう》のパソコンルームには「AI《エーアイ》ババア」と呼《よ》ばれるおそろしい怪人《かいじん》が現《あらわ》れるという。

AI《エーアイ》ババアとはおばあさんの姿《すがた》をした怪人《かいじん》で、ふだんは特定《とくてい》のパソコンの中《なか》にひそんでいる。4月《がつ》4日《か》4時《じ》44分《ふん》、学校《がっこう》のパソコンルームで特定《とくてい》のパソコンの電源《でんげん》を入《い》れると、モニターの画面《がめん》にAI《エーアイ》ババアが映《うつ》るという。そしてAI《エーアイ》ババアは画面《がめん》から飛《と》び出《だ》し、目《め》の前《まえ》の人間《にんげん》をパソコンの中《なか》に引《ひ》きずりこんでしまう。その人《ひと》はゆくえ不明《ふめい》となり、二度《にど》とこちらの世界《せかい》にもどれない。

AI《エーアイ》ババアの他《ほか》にも、「死《し》」を連想《れんそう》させる「4」がそろう日《ひ》や時間《じかん》になると、校舎《こうしゃ》のどこかにおそろしい怪人《かいじん》が現《あらわ》れることがある。

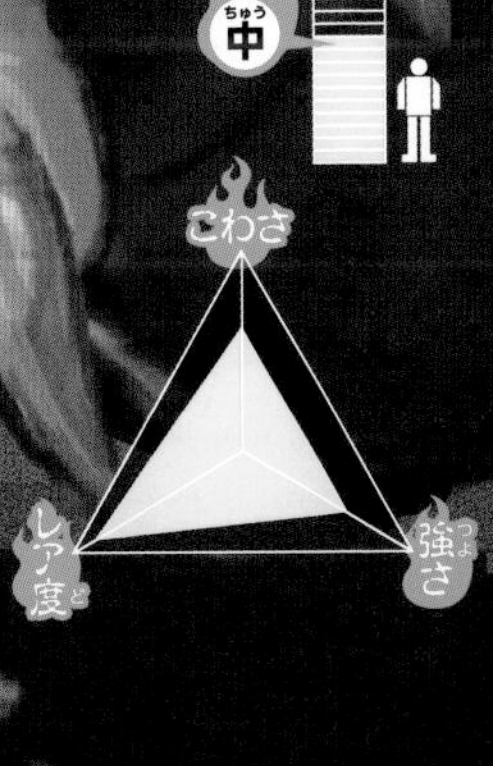

にげるにはどうする？

「4」がつく日《ひ》や時間《じかん》には注意《ちゅうい》しよう

ＡＩ《エーアイ》ババアが現《あらわ》れるのは、１年《ねん》に一度《いちど》だけなので、４月《がつ》４日《か》に気《き》をつけて過《す》ごせば、基本的《きほんてき》に怪人《かいじん》たちに会《あ》う可《か》能性《のうせい》は低《ひく》いだろう。その日《ひ》、夕方《ゆうがた》の４時《じ》44分《ふん》が近《ちか》づいたらトイレや公園《こうえん》などにも近《ちか》づかないほうがいい。

赤《あか》いドレスの女《おんな》

キミは、だれもいない図工室《ずこうしつ》をのぞいたことがあろうだろうか。

ある小学校《しょうがっこう》では、土曜日《どようび》の午後《ごご》1時《じ》5分《ふん》に図工室《ずこうしつ》をひとりでのぞいてはいけないと言《い》われている。その時間《じかん》の図《ず》工室《こうしつ》では、天井《てんじょう》までとどくほど背《せ》が高《たか》い赤《あか》いドレスを着《き》た見知《みし》らぬ女《おんな》が、くるくるくる……と回《まわ》りながら、笑顔《えがお》でおどっているからだ。その不気味《ぶきみ》な女《おんな》が何者《なにもの》なのか、もし気《き》づかれたら目撃《もくげき》者《しゃ》がどうなってしまうのかは、わかっていない。

他《ほか》にも、かべにかざっている絵画《かいが》が動《うご》き出《だ》す「モナリザの絵《え》（→P104）」、彫像《ちょうぞう》が泣《な》き出《だ》す「青《あお》いもの（→P90）」など、図《ず》工室《こうしつ》ではおそろしいウワサがあとをたたない。

ひたすらおどりつづける 真《ま》っ赤《か》なドレスを着《き》た女《おんな》

危険度《きけんど》
10%

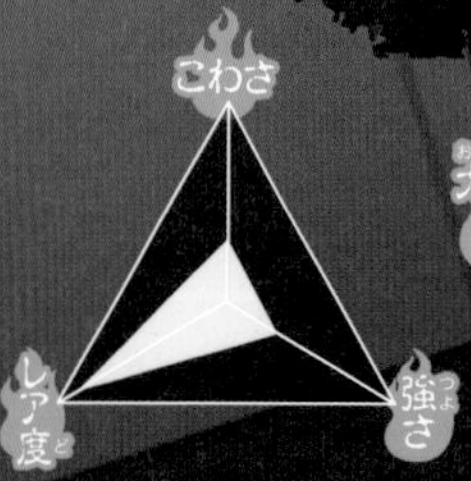

目撃情報《もくげきじょうほう》

体育館《たいいくかん》の「おどる巨人《きょじん》（→P126）」など、おどる怪人《かいじん》を目撃《もくげき》する例《れい》は多《おお》い。彼《かれ》らは陽気《ようき》なだけか、それとも油断《ゆだん》させようとしているのか？

にげるにはどうする？

図工室《ずこうしつ》でひとりにならないように

赤《あか》いドレスの女《おんな》の目撃情報《もくげきじょうほう》は少《すく》なく、不明《ふめい》な点《てん》も多《おお》い。そのため、おもしろがって会《あ》いにいかないほうがいいだろう。土曜日《どようび》の午後《ごご》1時《じ》5分《ふん》に図工室《ずこうしつ》にひとりきりでいることのないよう、時間《じかん》を気《き》にしよう。

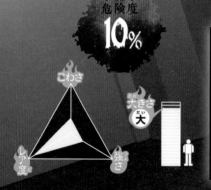

赤《あか》いドレスを着《き》ている
土《ど》曜《よう》日《び》の昼《ひる》の図《ず》工《こう》室《しつ》に現《あらわ》れる
笑《わら》いながらおどっている
くるくる
くるくる…

幽《ゆう》霊《れい》がうごめく
真《ま》夜《よ》中《なか》の学《がっ》校《こう》
夜《よる》の学《がっ》校《こう》には
昼《ひる》には見《み》せない顔《かお》がある
スタスタ
スタスタ
ダッ
コツッ

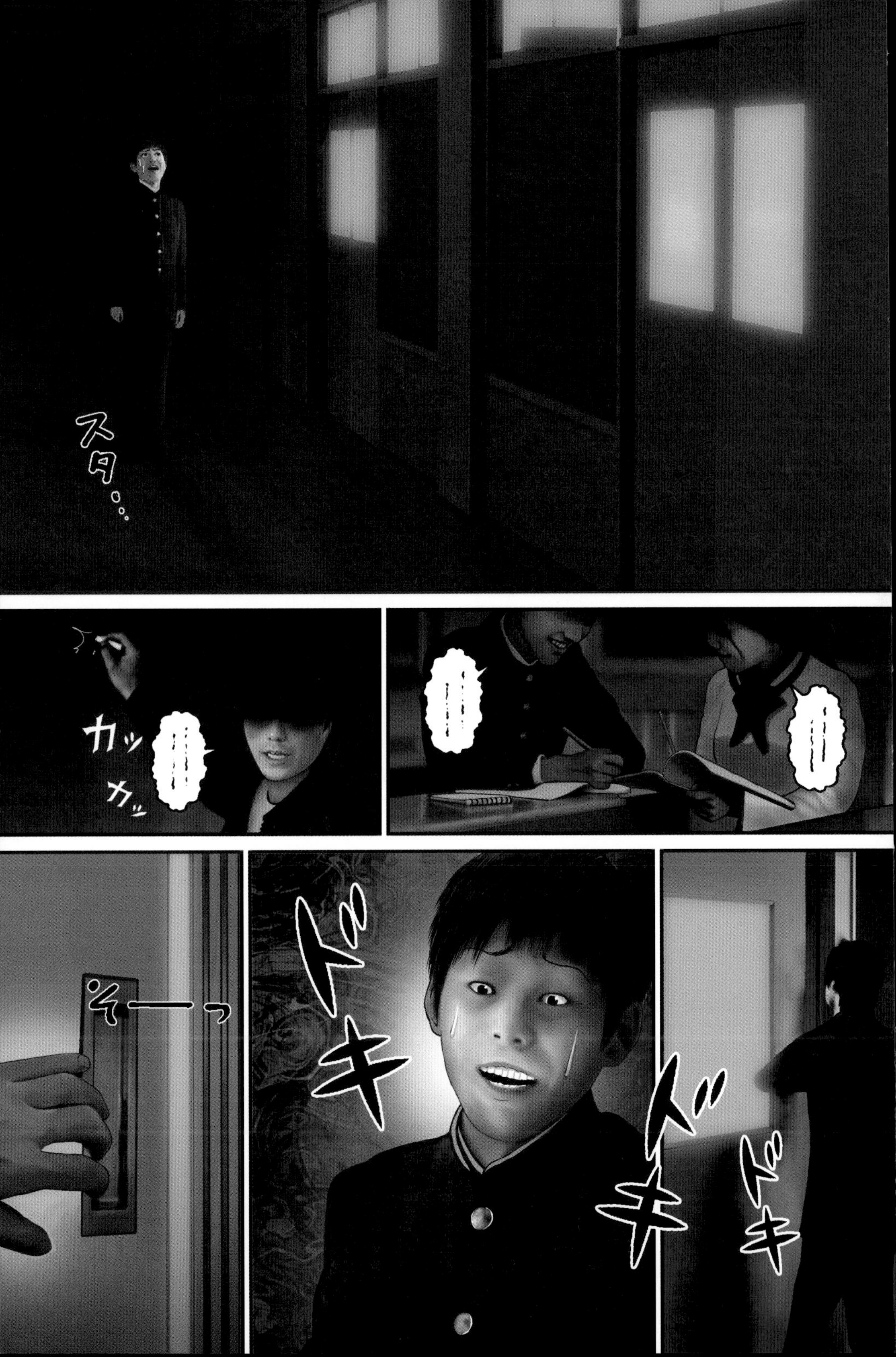

スタ…
……
……
カッ
カッ
……
ドキ
ドキ
ドキ
ドキ
そーっ

幽霊授業《ゆうれいじゅぎょう》

死者《ししゃ》のための真夜中《まよなか》の教室《きょうしつ》

　夜《よる》の学校《がっこう》では、幽霊《ゆうれい》のための授業《じゅぎょう》がおこなわれているというウワサがある。この授業《じゅぎょう》に参加《さんか》しているのは、その学校《がっこう》で死《し》んでしまった先生《せんせい》や子《こ》どもたちだ。廃校《はいこう》（使《つか》われなくなった学校《がっこう》）で、生《い》きている先生《せんせい》が幽霊《ゆうれい》たちを相手《あいて》に授業《じゅぎょう》をしたという怪談《かいだん》もある。その学校《がっこう》は過去《かこ》に火事《かじ》が起《お》き、たくさんの子《こ》どもが亡《な》くなったせいで廃校《はいこう》になったそうだ。授業《じゅぎょう》をやめさせようとすると、幽霊《ゆうれい》の子《こ》どもたちがおそってきたりすることもあるという。

　幽霊《ゆうれい》になっても授業《じゅぎょう》を受《う》ける彼《かれ》らには、卒業《そつぎょう》する前《まえ》に死《し》んでしまった心残《こころのこ》りがあるのかもしれない。夜《よる》の教室《きょうしつ》にいるのは生《い》きた人間《にんげん》とはかぎらない。もし声《こえ》が聞《き》こえても、決《けっ》してドアを開《あ》けてはいけない。

目撃情報《もくげきじょうほう》

幽霊授業をしているのは、先生《せんせい》だけ生《い》きていて子どもたちは幽霊《ゆうれい》という場合《ばあい》や、先生《せんせい》も子どもも幽霊《ゆうれい》という場合《ばあい》もあるようだ。

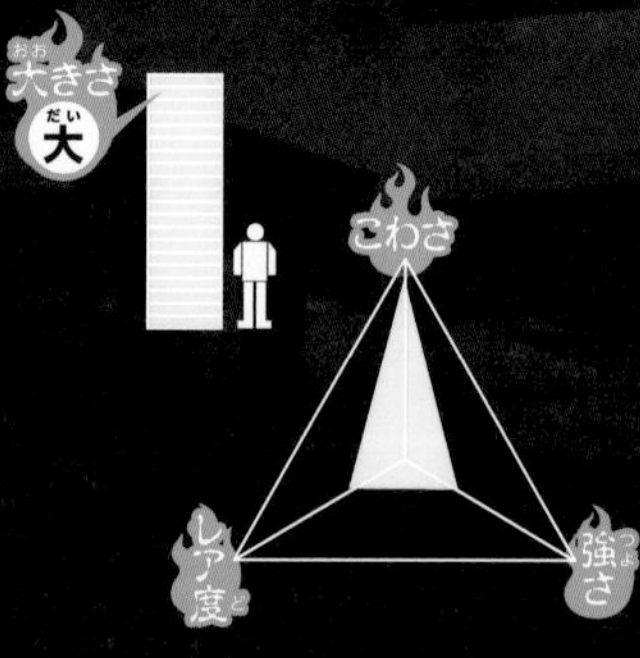

危険度《きけんど》
54%

にげるにはどうする？

校門《こうもん》の外《そと》に出《で》よう

授業《じゅぎょう》をジャマすると幽霊《ゆうれい》たちはおそってくる。ただし、学校《がっこう》の外《そと》まで出《で》てくることはできないようだ。もし幽霊《ゆうれい》たちに追《お》いかけられたとしても、なんとか校門《こうもん》の外《そと》までにげれば助《たす》かることができるはずだ。

ザワ…
ザワ…
夜《よる》の教室《きょうしつ》でおこなわれる
参加《さんか》しているのは死《し》んだ先生《せんせい》と子《こ》ども
授業《じゅぎょう》をジャマしてはいけない

第2章

階段《かいだん》怪談《かいだん》

怪談《かいだん》をすると「何《なに》か」が上《あ》がってくる

階段怪談《かいだんかいだん》とは学校《がっこう》の階段《かいだん》を使《つか》った遊《あそ》びだ。この遊《あそ》びは、校舎《こうしゃ》の一番上《いちばんうえ》の階《かい》から屋上《おくじょう》につながる階段《かいだん》でおこなう。屋上《おくじょう》のドアの前《まえ》のおどり場《ば》に何人《なんにん》かで円《えん》になって座《すわ》り、ひとりずつ怪談《かいだん》を話《はな》す。怪談《かいだん》をひとつ話《はな》すと「何《なに》か」が階《かい》段《だん》を1段《だん》上《あ》がってくる。その「何《なに》か」が上《あ》がりきるまでは怪談《かいだん》を止《と》めてはいけないし、階段《かいだん》のほうを見《み》てもいけないというルールだ。

ある子《こ》どもたちが、階段怪談《かいだんかいだん》を試《ため》したことがあった。彼《かれ》らは近《ちか》づいてくる「何《なに》か」の気配《けはい》を感《かん》じてこわくなったが、ルール通《どお》り最後《さいご》までやり切《き》った。すると、円《えん》になって座《すわ》っていた彼《かれ》らの目《め》の前《まえ》に、体中《からだじゅう》に盛《も》り上《あ》がった顔《かお》がたくさんついた大《おお》きな頭《あたま》の女《おんな》が立《た》っていたという。

危険度《きけんど》
84%

- 屋上《おくじょう》に向《む》かう階段《かいだん》でおこなう
- 怪談《かいだん》をひとつ話《はな》すと「何《なに》か」が1段《だん》上《あ》がってくる
- 最後《さいご》までやり切《き》るとおそろしい怪人《かいじん》がいる

アハハハハハハハハハ
ハハハハハハハハハハ
ハハハハハハ！…

大《おお》きさ
中《ちゅう》
こわさ
強《つよ》さ
レア度《ど》

目撃情報《もくげきじょうほう》

階段怪談《かいだんかいだん》をした子《こ》どもたちは急《いそ》いで校庭《こうてい》までにげた。このとき、女《おんな》の怪人《かいじん》は屋上《おくじょう》から子《こ》どもたちに向《む》かって手《て》をふっていたそうだ。

にげるにはどうする？

軽《かる》い気持《きも》ちで試《ため》してはいけない

目撃者《もくげきしゃ》は、急《いそ》いで校庭《こうてい》までにげてなんとか助《たす》かったという。階段《かいだん》を上《あ》がってきた女《おんな》の怪人《かいじん》の目的《もくてき》がわからない以上《いじょう》は、この遊《あそ》びを試《ため》すのは危険《きけん》すぎる。興味《きょうみ》があったとしてもやめておくことをおすすめする。

赤《あか》い服《ふく》の警備員《けいびいん》

見《み》ると7日《か》以内《いない》に死《し》ぬ

夜《よる》の学校《がっこう》を見回《みまわ》る警備員《けいびいん》さんの服《ふく》の色《いろ》はだいたい青《あお》い色《いろ》だろう。徳島県《とくしまけん》にある小学校《しょうがっこう》では、赤《あか》い服《ふく》を着《き》た警備員《けいびいん》が目撃《もくげき》されることがあるという。服《ふく》が赤《あか》い色《いろ》の警備員《けいびいん》はいないはずなのに、夜《よる》になると出現《しゅつげん》するというのだ。そしてこの警備員《けいびいん》を見《み》た人《ひと》は7日《か》以内《いない》に死《し》んでしまうと言《い》われている。

学校《がっこう》の安全《あんぜん》を守《まも》るどころか、命《いのち》をおびやかす危険《きけん》すぎる存在《そんざい》だ。なぜその小学校《しょうがっこう》に赤《あか》い服《ふく》の警備員《けいびいん》が現《あらわ》れるのかは不明《ふめい》だが、もともと墓地《ぼち》だったところに校舎《こうしゃ》が建《た》てられたというから、そのことが死《し》を呼《よ》ぶ赤《あか》い服《ふく》の警備員《けいびいん》に関係《かんけい》しているのかもしれない。

目撃情報《もくげきじょうほう》

赤《あか》い服《ふく》を着《き》た怪異《かいい》は多《おお》い。トイレの花子《はなこ》さんのスカートは赤《あか》いし、学校《がっこう》の屋上《おくじょう》に出現《しゅつげん》するという「赤《あか》い服《ふく》の女《おんな》」という怪人《かいじん》もいる。

にげるにはどうする？

目《め》をつぶって見《み》ないようにする

見《み》てしまうだけで死《し》んでしまうので、赤《あか》い服《ふく》の警備員《けいびいん》の呪《のろ》いをさけることはほぼ不可能《ふかのう》だ。夜《よる》の学校《がっこう》に近《ちか》づかないか、とっさに目《め》をつぶって見《み》ないようにするしかない。

ピカッ
夜《よる》の学校《がっこう》に現《あらわ》れる
赤《あか》い服《ふく》を着《き》ている
目撃《もくげき》すると7日以内《かいない》に死《し》ぬ
危険度《きけんど》
95%

開《あ》かずの間《ま》

危険度《きけんど》
50%

ある高校《こうこう》では、子《こ》どもがトイレの個室《こしつ》で急死《きゅうし》した。それ以来《いらい》、個室《こしつ》からうめき声《こえ》が聞《き》こえたため、その個室《こしつ》は使用禁止《しようきんし》になったそうだ。

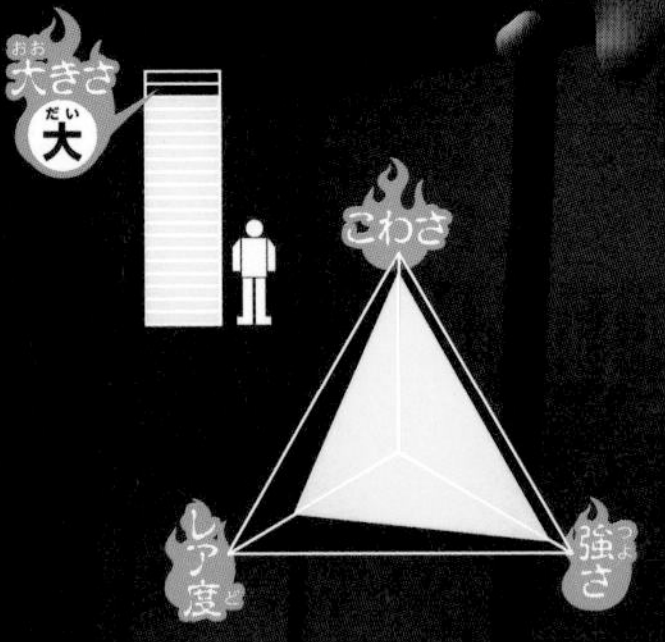

絶対《ぜったい》に開《あ》けてはいけないドア

キミの学校《がっこう》にも、なぜか昔《むかし》から「開《あ》けてはいけない」と言《い》われている場所《ばしょ》はないだろうか。開《あ》けたり中《なか》に入《はい》ったりすると、たいていよくないことが起《お》きる。もしくはだれもいないはずなのに人《ひと》がいる気配《けはい》や異変《いへん》が起《お》きる。そういった空間《くうかん》を「開《あ》かずの間《ま》」と呼《よ》ぶ。

ある学校《がっこう》では、木造《もくぞう》の古《ふる》い建物《たてもの》の2階《かい》の空間《くうかん》が「開《あ》かずの間《ま》」で、ドアはクギで固《かた》く閉《と》ざされていた。ところが夜《よる》になると、窓《まど》ガラスの向《む》こうに人影《ひとかげ》が見《み》えたり、明《あ》かりがともったりしたという。ウワサによれば、昔《むかし》、その部屋《へや》で子《こ》どもが死《し》に、その後《ご》火事《かじ》で焼《や》けたことがあった。不幸《ふこう》が続《つづ》いたため、そこは「開《あ》かずの間《ま》」として封印《ふういん》されたと言《い》われている。

にげるにはどうする？

決《けっ》して開《あ》けてはいけない

「開《あ》かずの間《ま》」は、開《あ》けるとよくないことが起《お》きたり、呪《のろ》われたりするために「開《あ》けてはいけない」と言《い》われている場所《ばしょ》だ。呪《のろ》われたり殺《ころ》されたりしたくなければ、おもしろがって開《あ》けるのは絶対《ぜったい》にやめておこう。

うおぉぉぉ……

閉《と》ざされている部屋《へや》

開《あ》けるとよくないことが起《お》きる

過《か》去《こ》に人《ひと》が死《し》んでいることが多《おお》い

本《ほん》を読《よ》むと現《あらわ》れる怪《かい》物《ぶつ》
これはもう読《よ》んだし
んー…いいのないかな
ん？
読んではいけない本
何《なに》…この本《ほん》？
おもしろそう！
「少年《しょうねん》はにげることができませんでした。」
「おびえる少年《しょうねん》にそれはかわいた手《て》をのばし——」
ぴぅッ
え？

何《なに》これ…「ここでやめろ」って
なんかこわい…

でも…先《さき》が気《き》になりすぎる——

ペラッ
え？

「そして眼鏡《めがね》の少女もにげることができませんでした。」

「日《ひ》がくれるのも忘《わす》れて本《ほん》を読《よ》みふけっていたので気《き》づかなかったのです——」

後《うし》ろにいるそれに——

読《よ》んではいけない本《ほん》

本《ほん》の中《なか》のミイラ男《おとこ》が読《よ》む者《もの》をおそう！

『読《よ》んではいけない本《ほん》』とは、ある少《しょう》女《じょ》が図書室《としょしつ》で見《み》つけた作者不明《さくしゃふめい》の1冊《さつ》の本《ほん》だ。本《ほん》を開《ひら》くと「読《よ》むな。すぐ閉《と》じよ」と書《か》かれていたが、読書好《どくしょず》きの少女《しょうじょ》は本《ほん》を読《よ》みはじめてしまった。本《ほん》の内容《ないよう》は子《こ》どもをおそう包帯《ほうたい》だらけのミイラ男《おとこ》の話《はなし》だ。とちゅうにも「ここでやめろ。さきにすすむな」と書《か》かれていたが、無視《むし》して読《よ》み進《すす》めると物語《ものがたり》にひとりの少女《しょうじょ》が登場《とうじょう》する。

本《ほん》の中《なか》の少女《しょうじょ》は、自分《じぶん》と同《おな》じ名前《なまえ》、年齢《ねんれい》で性格《せいかく》までもそっくりで、ミイラ男《おとこ》にうしろからおそわれるシーンが書《か》かれていた。図書室《としょしつ》で本《ほん》を読《よ》んでいた少女《しょうじょ》が気配《けはい》を感《かん》じてうしろを向《む》くと、大《おお》きなミイラ男《おとこ》が立《た》っていたという。その後《ご》、少女《しょうじょ》がどうなったかはわかっていない。

ミイラ男《おとこ》が子《こ》どもをおそう話《はなし》が書《か》かれている

物語《ものがたり》の中《なか》に自分《じぶん》とそっくりの人物《じんぶつ》が出《で》てくる

読《よ》み進《すす》めると本《ほん》の中《なか》と同《おな》じ目《め》にあう

危険度《きけんど》
89%

にげるにはどうする？

本《ほん》を見《み》つけても読《よ》んではいけない

このような危険《きけん》な本《ほん》は読《よ》まないようにするのがよいが、読書好《どくしょず》きのキミは内容《ないよう》が気《き》になってしまうかもしれない。本《ほん》の中《なか》に「読《よ》むな」と書《か》いてあったら、続《つづ》きが気《き》になってもガマンして本《ほん》を閉《と》じよう。

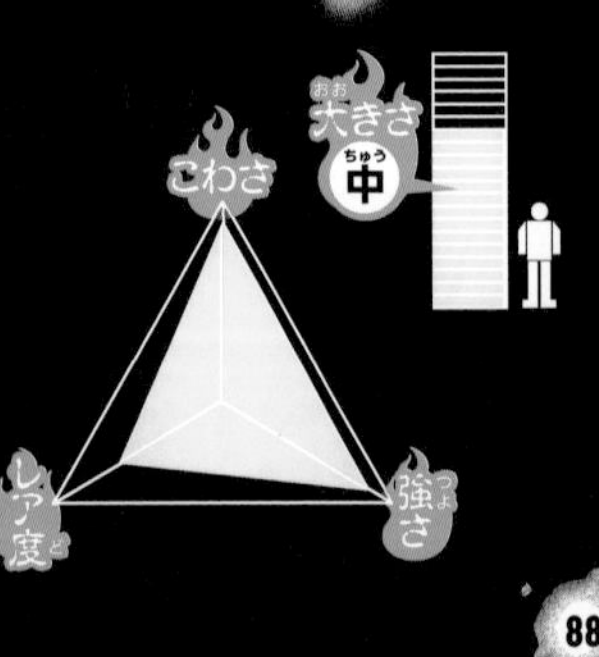

目撃情報《もくげきじょうほう》

「悪魔《あくま》の本《ほん》」は、読《よ》むと地獄《じごく》に連《つ》れ去《さ》られるという。「見《み》るな」と書《か》かれた本《ほん》を読《よ》むと本《ほん》の中《なか》にすいこまれるというウワサもある。

第2章

青《あお》いもの

危《き》険《けん》度《ど》
85%

- 青《あお》いものの正《しょう》体《たい》は不《ふ》明《めい》
- 人《にん》間《げん》を彫《ちょう》像《ぞう》に変《か》える力《ちから》をもつ？
- 夕《ゆう》方《がた》の校《こう》舎《しゃ》に現《あらわ》れる

目撃情報《もくげきじょうほう》

「青《あお》いもの」の正体《しょうたい》はわからないが、図工室《ずこうしつ》を見《み》に行《い》った男子《だんし》を彫像《ちょうぞう》に変《か》えてしまった「何《なに》か」に関係《かんけい》があるかもしれない。

人間《にんげん》を彫像《ちょうぞう》に変《か》える不気味《ぶきみ》な存在《そんざい》

キミの学校《がっこう》の図工室《ずこうしつ》にも、彫像《ちょうぞう》（人《じん》物《ぶつ》や動物《どうぶつ》を立体的《りったいてき》に作《つく》った作品《さくひん》）がいくつかあるはずだ。それらをよく見《み》てみてほしい。そのなかに、人間《にんげん》の子《こ》どもは混《ま》じっていないだろうか？

ある小学校《しょうがっこう》でこんなウワサがある。

ふたりの男子《だんし》が夕方《ゆうがた》、教室《きょうしつ》で帰《かえ》りの準《じゅん》備《び》をしていたら、教室《きょうしつ》が急《きゅう》に白《しろ》くかすみ、何《なに》か青《あお》いものが横切《よこぎ》って、図工室《ずこうしつ》に入《はい》っていくのが見《み》えた。男子《だんし》のうちひとりは図工室《ずこうしつ》へ様子《ようす》を見《み》にいき、そのままゆくえ不明《ふめい》になってしまった。それ以来《いらい》、日《ひ》がしずむと図工室《ずこうしつ》から「帰《かえ》りたいよぉ」と泣《な》く声《こえ》が聞《き》こえ、彫《ちょう》像《ぞう》が青《あお》い涙《なみだ》を流《なが》しているのだという。その彫像《ちょうぞう》は、ゆくえ不明《ふめい》になった男子《だんし》によく似《に》ているという。

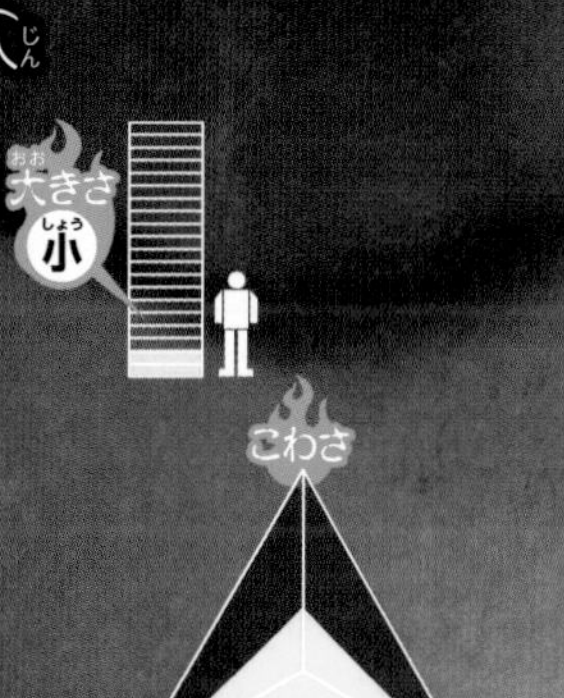

にげるにはどうする？

気《き》になってもあとを追《お》わない

彫像《ちょうぞう》にされた男子《だんし》がもとにもどれたかどうかは不明《ふめい》だ。夕方《ゆうがた》、とつぜん教室《きょうしつ》が白《しろ》くかすみ、得体《えたい》の知《し》れない何《なに》かを目撃《もくげき》しても、決《けっ》してあとを追《お》ってはいけない。見《み》なかったふりをするのがいちばんだ。

第2章

校長先生《こうちょうせんせい》の怪《かい》

校《こう》長《ちょう》室《しつ》で会《かい》議《ぎ》を始《はじ》める 歴《れき》代《だい》の校《こう》長《ちょう》先《せん》生《せい》たち

校長室《こうちょうしつ》は、校長先生《こうちょうせんせい》が仕事《しごと》をしている場所《ばしょ》なので、入《はい》ったことのある人《ひと》は少《すく》ないかもしれない。

校長室《こうちょうしつ》のかべには、その小学校《しょうがっこう》の歴《れき》代《だい》の校長先生《こうちょうせんせい》の写真《しゃしん》がずらりとかざってあることが多《おお》い。ある小学校《しょうがっこう》のウワサでは、真夜中《まよなか》の0時《じ》になると、歴代《れきだい》写真《しゃしん》から校長先生《こうちょうせんせい》たちの幽霊《ゆうれい》がぬけ出《だ》し、学校《がっこう》や教育《きょういく》についての話《はな》し合《あ》いを始《はじ》めるというのだ。

他《ほか》の学校《がっこう》では、亡《な》くなった校長先生《こうちょうせんせい》が現《あらわ》れて児童《じどう》を応援《おうえん》したり、歌《うた》を歌《うた》ったり、開校記念日《かいこうきねんび》にうれしそうに笑《わら》ったりするそうだ。校長先生《こうちょうせんせい》の怪異《かいい》は、いつまでも子《こ》どもたちを熱心《ねっしん》に見守《みまも》ってくれている、小学校《しょうがっこう》の守《まも》り神《がみ》のような存在《そんざい》なのかもしれない。

危険度《きけんど》

5%

にげるにはどうする？

見《み》つかったらおこられる？

歴代《れきだい》校長《こうちょう》先生《せんせい》の霊《れい》たちは、キミたちを見守《みまも》ってくれているのでこわがる必要《ひつよう》はなさそうだ。ただ夜中《よなか》に学校《がっこう》に行《い》って校長《こうちょう》先生《せんせい》の霊《れい》に見《み》つかったら「こんな時間《じかん》に何《なに》をしているんだ！」とおこられるかもしれない。

夜《よる》の校長室《こうちょうしつ》に現《あらわ》れる 歴代《れきだい》校長《こうちょう》先生《せんせい》の写真《しゃしん》から霊《れい》がぬけ出《だ》す みんなで会議《かいぎ》を始《はじ》める

目撃情報《もくげきじょうほう》

長野県《ながのけん》のある小学校《しょうがっこう》で、古《ふる》い校舎《こうしゃ》が取《と》りこわされることになったとき、歴代校長《れきだいこうちょう》先生《せんせい》の写真《しゃしん》の目《め》が動《うご》き、おこった顔《かお》になったそうだ。

三面鏡《さんめんきょう》が映《うつ》し出《だ》すもの
うう…こわいよぅ
やっぱやめようかなぁ…
…ううん このウワサをつきとめて学級新聞《がっきゅうしんぶん》にのせてやるんだから
4時《じ》44分《ふん》44秒《びょう》に家庭科室《かていかしつ》の三面鏡《さんめんきょう》で合《あ》わせ鏡《かがみ》をすると悪魔《あくま》が見《み》えるんだってよ
うそくせ〜!
もう4時《じ》44分《ふん》44秒《びょう》…
な なんだ〜 けっきょく ただのウワサか

え？
な
なにこれ…っ
いやっ
いやああああっ

第2章

合《あ》わせ鏡《かがみ》の悪魔《あくま》

暗示《あんじ》をかけてくる 鏡《かがみ》の中《なか》の悪魔《あくま》

家庭科室《かていかしつ》にある合《あ》わせ鏡《かがみ》を使《つか》うと、悪魔《あくま》を呼《よ》び出《だ》すことができるという。ある学校《がっこう》の家庭科室《かていかしつ》には三面鏡《さんめんきょう》があり、合《あ》わせ鏡《かがみ》にした時間《じかん》が0時《じ》0分《ふん》0秒《びょう》なら未来《みらい》の自分《じぶん》、3時《じ》33分《ふん》33秒《びょう》なら未来《みらい》の結婚相手《けっこんあいて》、そして4時《じ》44分《ふん》44秒《びょう》なら悪魔《あくま》が映《うつ》るというウワサがあった。

あるとき、ひとりの少女《しょうじょ》が実際《じっさい》に合《あ》わせ鏡《かがみ》をしたところ未来《みらい》の自分《じぶん》の姿《すがた》が見《み》えたので、何度《なんど》も試《ため》すようになった。その後《ご》、鏡《かがみ》を見《み》るたびにそこに映《うつ》る少《しょう》女《じょ》の見《み》た目《め》はどんどん年老《としお》いておばあさんの姿《すがた》になり、最終的《さいしゅうてき》には死《し》んでしまったという。実《じつ》は少女《しょうじょ》は合《あ》わせ鏡《かがみ》の悪魔《あくま》に強《つよ》い暗示《あんじ》をかけられており、鏡《かがみ》の中《なか》の見《み》た目《め》だけでなく心《こころ》も同時《どうじ》に年《とし》老《お》いてしまったのだ。

目撃情報《もくげきじょうほう》

合《あ》わせ鏡《かがみ》の悪魔《あくま》は満月《まんげつ》の夜《よる》の0時《じ》に映《うつ》るという情報《じょうほう》もある。悪魔《あくま》は小《こ》びんにつかまえることができ、願《ねが》いを聞《き》いてもらえるという。

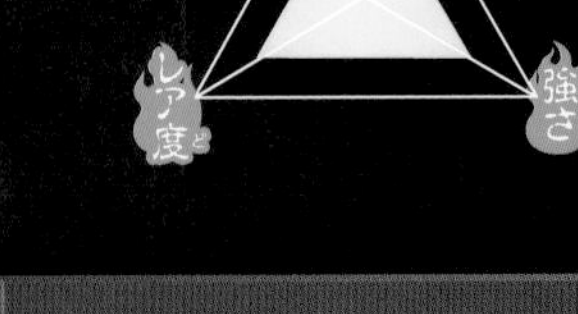

にげるにはどうする？

合《あ》わせ鏡《かがみ》をしない

ちょっと未来《みらい》の自分《じぶん》が見《み》たいからといって、合《あ》わせ鏡《かがみ》を試《ため》すのはやめよう。悪魔《あくま》の暗示《あんじ》にかかってしまうと、鏡《かがみ》の中《なか》の姿《すがた》だけでなく心《こころ》もどんどん年《とし》をとってしまい、死《し》んでしまうかもしれない。

危険度《きけんど》 71%

4時《じ》44分《ふん》44秒《びょう》になると映《うつ》る
合《あ》わせ鏡《かがみ》をすると現《あらわ》れる
暗《あん》示《じ》で人《ひと》を老《ふ》けさせる
ヒヒヒヒ

第2章

よだそう

- 放課後《ほうかご》にひとりでいる子《こ》どもをねらう
- 手《て》に鎌《かま》を持《も》っている
- なぞが解《と》けないとさらわれる

子《こ》どもをさらう 名前《なまえ》にヒミツをもつ怪人《かいじん》

よだそうとは、放課後《ほうかご》の学校《がっこう》に出現《しゅつげん》するおそろしい怪人《かいじん》だ。ひとりで校内《こうない》に残《のこ》っている子《こ》どもを見《み》つけると、ポンポンと肩《かた》をたたく。子《こ》どもがふり向《む》くと白《しろ》いマスクとキャップを身《み》につけ、手《て》には鎌《かま》を持《も》った怪人《かいじん》が立《た》っており、「おれはよだそうだ！　さかさまだ！」と大声《おおごえ》をあげ、子《こ》どもを連《つ》れ去《さ》ってしまうのだという。

よだそうという名前《なまえ》の怪人《かいじん》の情報《じょうほう》は全国各地《ぜんこくかくち》にある。なかには持《も》っている鎌《かま》で子《こ》どもの首《くび》を切《き》って持《も》ち去《さ》るという、よりおそろしいよだそうもいるそうだ。よだそうからのがれるには、正《しょう》体《たい》を見破《みやぶ》らなければならないと言《い》われているが、キミはこのなぞ解《と》きができるだろうか？　ひとりで学校《がっこう》に残《のこ》るときは気《き》をつけよう。

にげるにはどうする？

名前《なまえ》を逆《さか》さから読《よ》む！

よだそうの正体《しょうたい》は名前《なまえ》にある。「さかさまだ！」と言《い》われたとおりに、名前《なまえ》を逆《さか》さに読《よ》んでみると「うそだよ」となる。つまり、この怪人《かいじん》の存在《そんざい》はウソなのだ。これに気《き》づけば、よだそうをおそれる必要《ひつよう》はない。

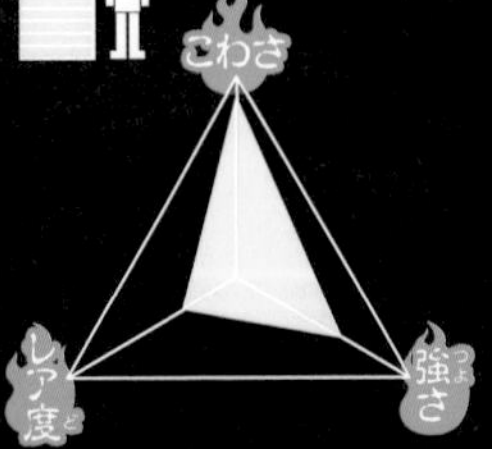

目撃情報《もくげきじょうほう》

4時《じ》44分《ふん》44秒《びょう》に公園《こうえん》のブランコを見《み》るとやってくる「ヨダソ」という似《に》た名前《なまえ》の怪人《かいじん》もいる。ヨダソはにげる方法《ほうほう》がなく、より危険《きけん》だ。

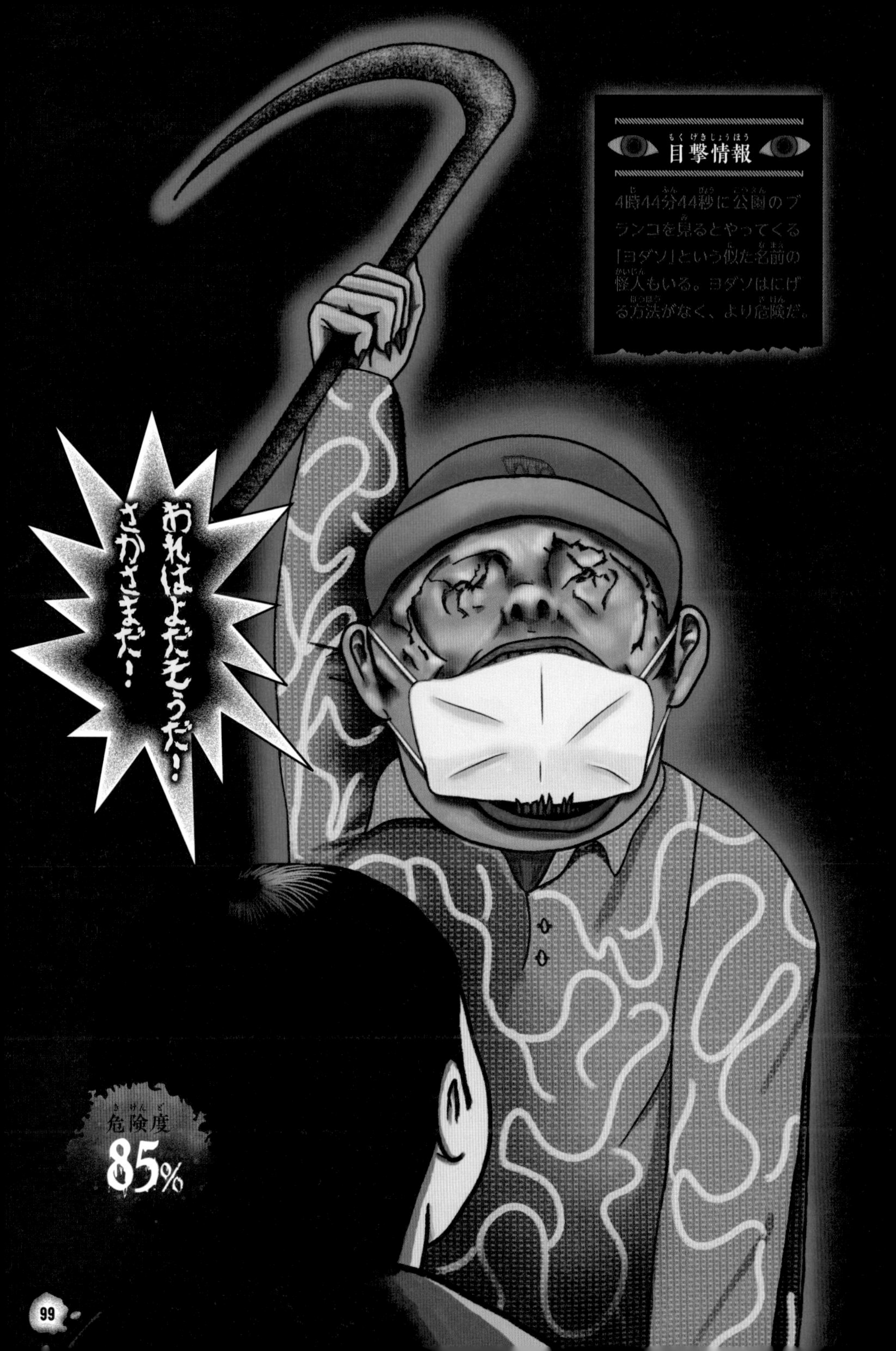

しゃべるカーテン

目撃情報《もくげきじょうほう》

かべや天井《てんじょう》などにも、人《ひと》の顔《かお》が浮《う》かぶことがある。その正体《しょうたい》は幽霊《ゆうれい》であることが多《おお》いが、しゃべるカーテンの正体《しょうたい》は不明《ふめい》である。

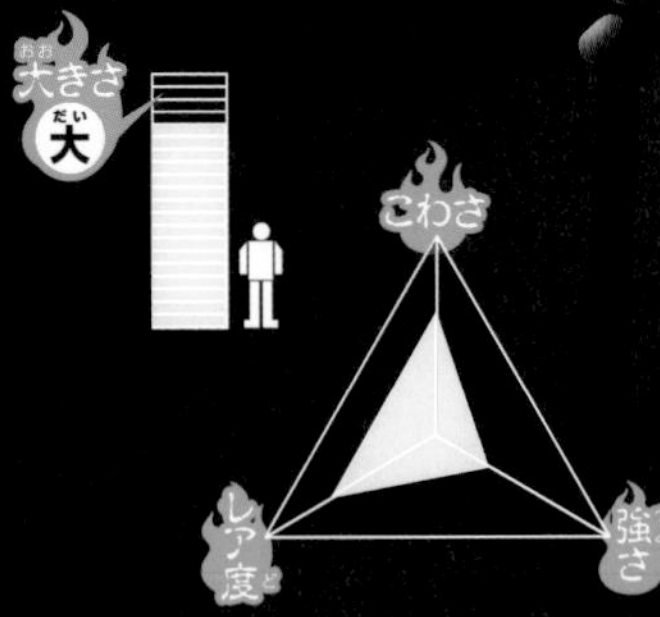

カーテンがしゃべりひとりでに動《うご》く!?

学校《がっこう》にはいたるところに怪物《かいぶつ》がひそんでいるらしい。ある小学校《しょうがっこう》では「しゃべるカーテン」という変《か》わった化《ば》け物《もの》が目撃《もくげき》されている。ある日《ひ》、子《こ》どもがカーテンをしめ忘《わす》れたまま教室《きょうしつ》で体《たい》育服《いくふく》に着替《きが》えていたところ、カーテンにみるみるうちに黒《くろ》い人《ひと》の顔《かお》がしみ出《だ》し、「お前《まえ》、おれを閉《し》め忘《わす》れただろう」と注意《ちゅうい》してきたそうだ。

また、別《べつ》の学校《がっこう》では「カーテンおばけ」という怪物《かいぶつ》も出没《しゅつぼつ》している。名前《なまえ》のとおりカーテンに似《に》た姿《すがた》をした化《ば》け物《もの》で、大《おお》そうじの日《ひ》に現《あらわ》れるという。だれも見《み》ていない時間帯《じかんたい》にフワフワと校舎《こうしゃ》をただようそうだ。もしつかまえようとすると、カーテンおばけはおこって体《からだ》に巻《ま》きついてくるという。

にげるにはどうする？

つかまえようとするのはやめよう

しゃべるカーテンは、カーテンを閉《し》め忘《わす》れた児童《じどう》を注意《ちゅうい》してくれる。子《こ》どもたちを見守《みまも》るいいやつなのかもしれない。一方《いっぽう》、カーテンおばけはつかまえようとしてはいけないが、見《み》ているだけなら害《がい》はないようだ。

お前《まえ》、おれを閉《し》め忘《わす》れただろう
カーテンに人《ひと》の顔《かお》が浮《う》かぶ
カーテンがしゃべる
カーテンに似《に》た怪物《かいぶつ》もいる
危険度《きけんど》
39%

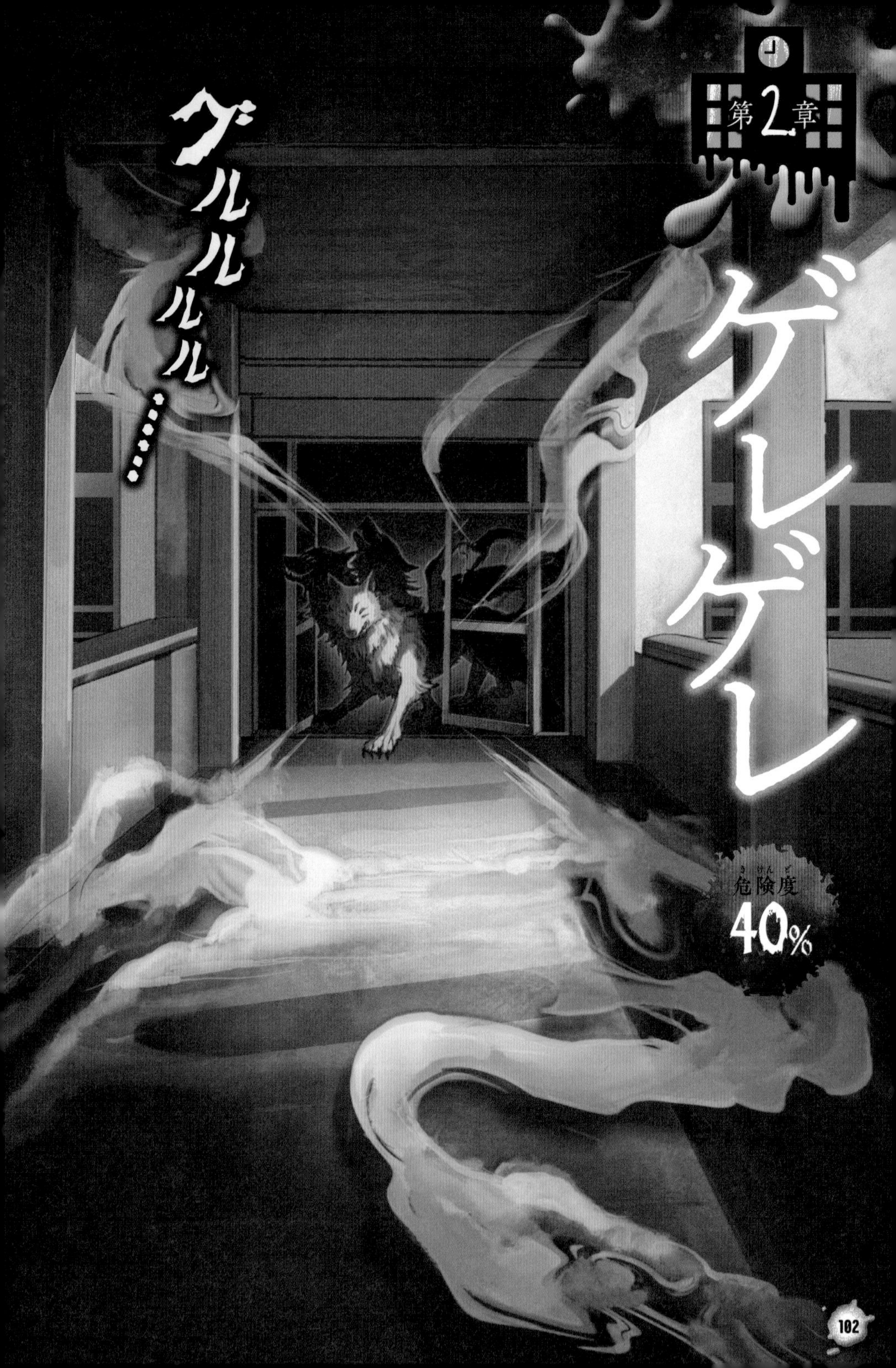
第2章
ゲレゲレ
危険度《きけんど》
40%
グルルルル……

うなり声《ごえ》で人《ひと》をおどかすなぞの怪《かい》物《ぶつ》

学校《がっこう》の校舎《こうしゃ》には、人間《にんげん》の霊《れい》だけでなく動物《どうぶつ》の霊《れい》や動物《どうぶつ》の姿《すがた》に似《に》た怪物《かいぶつ》が現《あらわ》れることもあるようだ。インターネットのウワサによると、夜《よる》の校舎《こうしゃ》には「ゲレゲレ」と呼《よ》ばれる動物《どうぶつ》たちのうらみが集《あつ》まってひとつになった怪物《かいぶつ》がひそんでいるという。

あるとき、ふたりの児童《じどう》がきもだめしで夜《よる》の学校《がっこう》にしのびこんだ。ふたりが2階《かい》へ上《あ》がったら、とつぜん背後《はいご》のろうかから「グルルルル……」といううなり声《ごえ》が聞《き》こえたという。後《うし》ろをふり向《む》くとゲレゲレの巨大《きょだい》な影《かげ》があり、ギラギラと目《め》を光《ひか》らせながらふたりをにらんでいたそうだ。ふたりはあわてて学校《がっこう》から出《で》たため、ゲレゲレにおそわれずにすんだという。

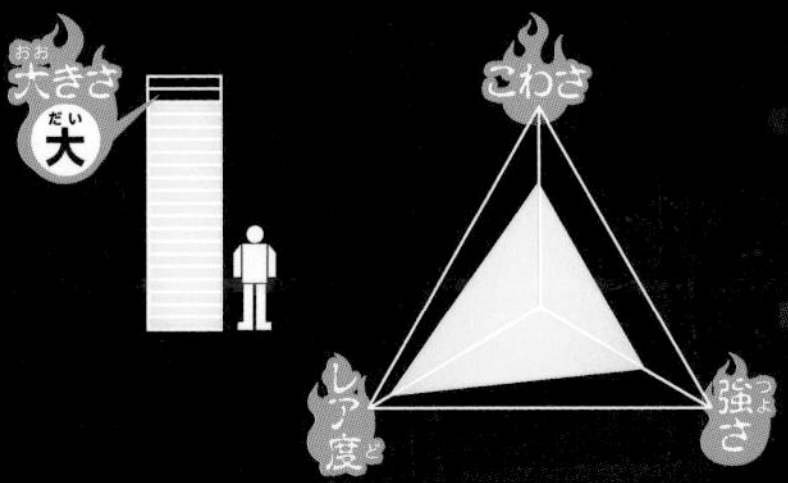

目撃情報《もくげきじょうほう》

愛知県《あいちけん》のある小学校《しょうがっこう》では、夜中《よなか》の0時《じ》に家庭科室《かていかしつ》に行《い》くと、テーブルの上《うえ》で首《くび》のないキツネの怪物《かいぶつ》が遊《あそ》んでいるというウワサがある。

- 夜《よる》の校舎《こうしゃ》に現《あらわ》れる
- 動《どう》物《ぶつ》のうらみが集《あつ》まった怪《かい》物《ぶつ》
- うなり声《ごえ》を発《はっ》する

にげるにはどうする？

おそわれる前《まえ》ににげよう

動物《どうぶつ》の霊《れい》や怪物《かいぶつ》の場合《ばあい》、人間《にんげん》の言葉《ことば》が通《つう》じないことが多《おお》い。「シッシッ」と動物《どうぶつ》を追《お》いはらうしぐさでにげていったという話《はなし》もあるが、もしうなり声《ごえ》が聞《き》こえたら、全速力《ぜんそくりょく》でその場《ば》をはなれたほうがいいだろう。

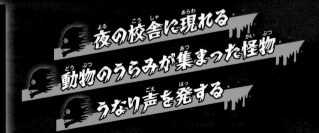

放《ほう》課《か》後《ご》に動《うご》き出《だ》す絵《かい》画《が》

下校《げこう》の時間《じかん》に
なりました…
先生《せんせい》の許可《きょか》が
ない児童《じどう》は
教室《きょうしつ》に残《のこ》らず……
図工室
ガタッ
図工室
今《いま》変《へん》な音《おと》したぞ
中《なか》にだれかいるのかな？
居残《いのこ》り見《み》ぃつけた
先生《せんせい》に言《い》ってやろ
ガラガラガラ

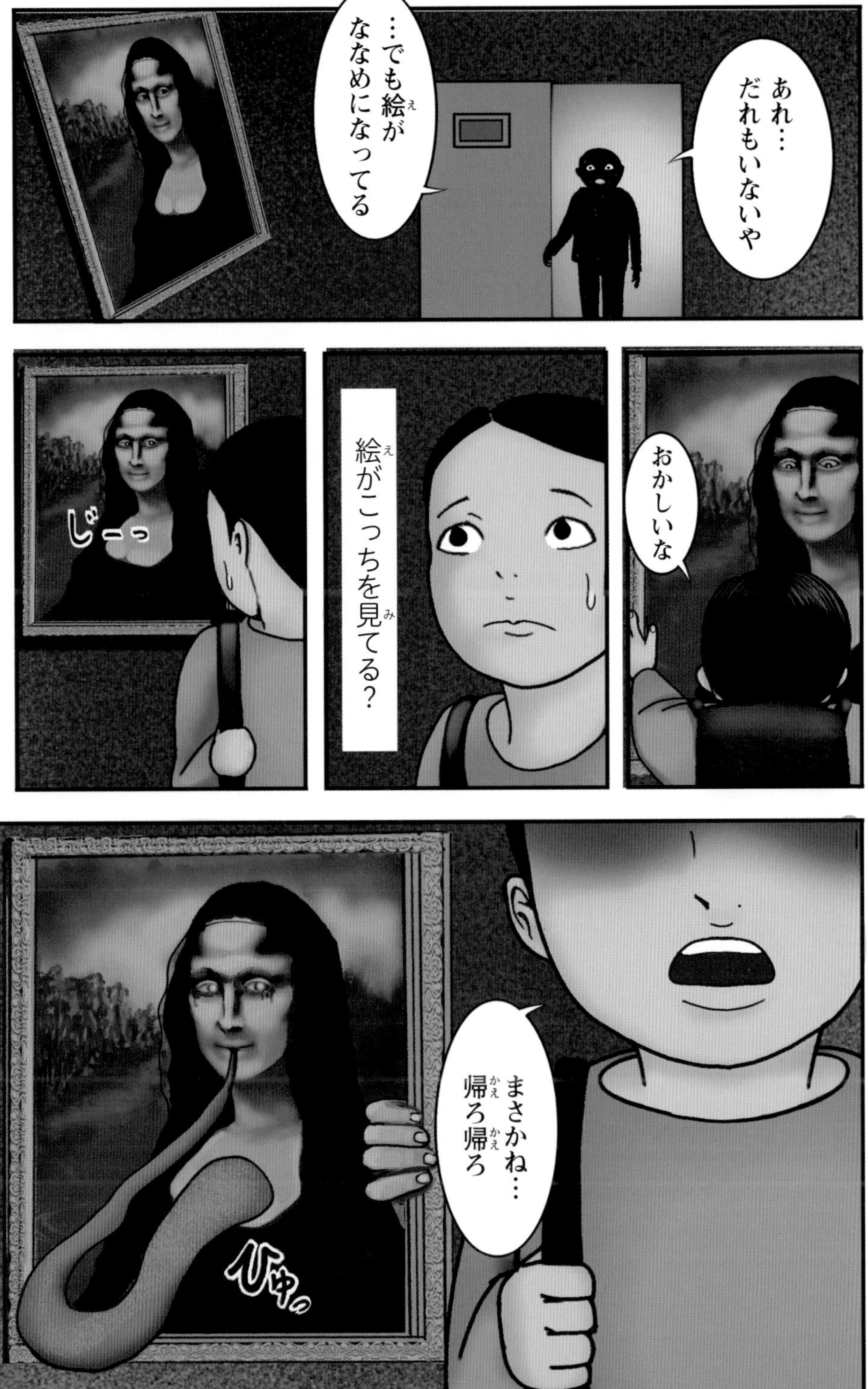
あれ…
だれもいないや
…でも絵《え》がななめになってる
おかしいな
絵《え》がこっちを見《み》てる？
じーっ
まさかね…
帰《かえ》ろ帰《かえ》ろ
ひゅっ

モナリザの絵《え》

さまざまな異変《いへん》が起《お》きる有名《ゆうめい》絵画《かいが》

世界一《せかいいち》有名《ゆうめい》な絵《え》とも言《い》われる「モナリザ」の複製画《ふくせいが》（本物《ほんもの》の絵《え》を再現《さいげん》したもの）は、全国《ぜんこく》の学校《がっこう》の図工室《ずこうしつ》にかざられていることが多《おお》い。そんなモナリザの絵《え》には、たくさんのおそろしいウワサが存在《そんざい》する。

目《め》から血《ち》を流《なが》す、目《め》が光《ひか》る、どの角度《かくど》から見《み》ても目《め》がこっちを見《み》ているなどの不思議《ふしぎ》な現象《げんしょう》が起《お》きるという。これらの怪奇現象《かいきげんしょう》はあくまで絵《え》の中《なか》で起《お》きることだ。しかしさらには、絵《え》の中《なか》からモナリザの手《て》や長《なが》い舌《した》が出《で》てきて子《こ》どもの手足《てあし》をつかんだり、絵《え》から出《で》てきて人《ひと》をつかまえて食《た》べようとしたりするというウワサもある。悪《わる》さをしたあとは絵《え》にもどるが、絵《え》の中《なか》の体《からだ》の向《む》きがうっかり逆《ぎゃく》になっていることもあるらしい。

目撃情報《もくげきじょうほう》

似《に》た怪談《かいだん》に音楽室《おんがくしつ》にかざられる音楽家《おんがくか》の「ベートーベンの絵《え》」がある。目《め》が光《ひか》ったり、絵《え》から出《で》てきてピアノをひいたりするらしい。

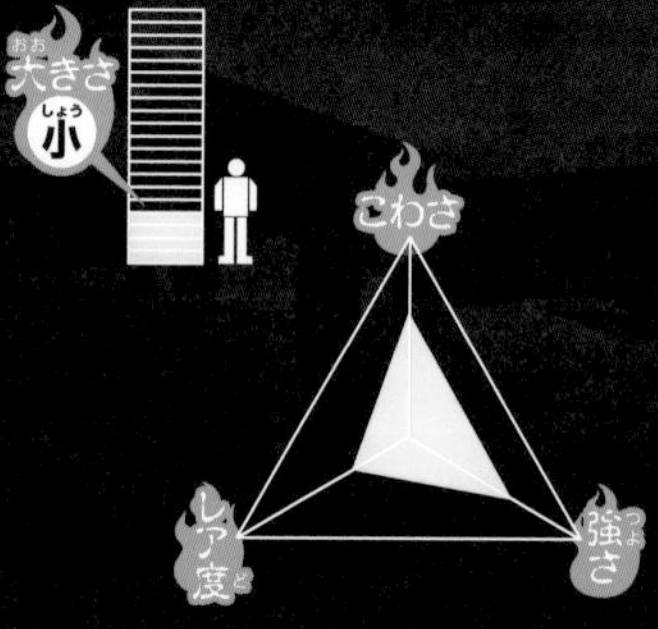

危険度《きけんど》
68%

にげるにはどうする？

異変《いへん》を感《かん》じたらにげろ！

モナリザの絵《え》を見《み》て、いつもと何《なに》かがちがうなと少《すこ》しでも感《かん》じたらなるべく遠《とお》くににげよう。授業《じゅぎょう》や部活《ぶかつ》などで図工室《ずこうしつ》に用事《ようじ》があるとき以外《いがい》は絵《え》に近《ちか》づかないのがいちばん安全《あんぜん》だ。

ヒッヒッヒッ
目《め》が光《ひか》ったり血《ち》を流《なが》したりする
絵《え》から出《で》てきて人《ひと》をおそう
絵《え》にもどるときに体《からだ》の向《む》きが変《か》わる

人面瘡《じんめんそう》

危険度《きけんど》
72%

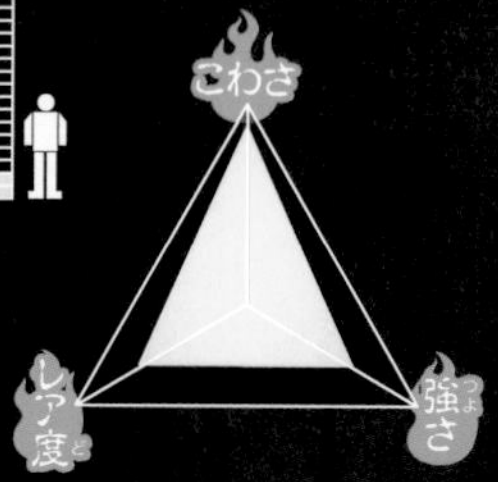

体《からだ》にとりついた不気味《ぶきみ》な顔《かお》

もし、ひざや太《ふと》もも、足《あし》、またなどに、知《し》らないうちにできものや傷《きず》ができていたら、人面瘡《じんめんそう》かもしれないので注意《ちゅうい》が必要《ひつよう》だ。

人面瘡《じんめんそう》は、人《ひと》の体《からだ》にとりつく怪物《かいぶつ》である。小《ちい》さなできものや傷《きず》が大《おお》きくなり、やがて目《め》、鼻《はな》、口《くち》のついた人間《にんげん》のような顔《かお》になる。その顔《かお》が食《た》べ物《もの》をたくさん食《た》べ、みにくく笑《わら》い出《だ》すのだという。やがて宿主《やどぬし》である人間《にんげん》の栄養《えいよう》をすい取《と》ってしまい、やせ細《ほそ》らせてしまうと言《い》われている。

人面瘡《じんめんそう》は、たとえその顔部分《かおぶぶん》を手術《しゅじゅつ》で切《き》り取《と》っても、しばらくしたら同《おな》じ場所《ばしょ》にふたたび現《あらわ》れるという。おはらいをしてもにげていかない、非常《ひじょう》にやっかいな怪物《かいぶつ》だ。

にげるにはどうする？

貝母《ばいも》という薬《くすり》を飲《の》ませよう

人面瘡《じんめんそう》には「貝母《ばいも》」と呼《よ》ばれる薬《くすり》を飲《の》ませることが有効《ゆうこう》だと言《い》われている。貝母《ばいも》とは、アミガサユリともいうユリ科《か》の植物《しょくぶつ》で、はれものにきく薬《くすり》だ。人面瘡《じんめんそう》がいやがり、体《からだ》からにげていくはずだ。

目撃情報《もくげきじょうほう》

人間《にんげん》の体《からだ》にとりつく怪物《かいぶつ》は古《ふる》くから知《し》られている。もし腹《はら》にできものができた場合《ばあい》は「応声虫《おうごえむし》」という人面瘡《じんめんそう》に似《に》た怪物《かいぶつ》かもしれない。

ひざや太《ふと》もも、足《あし》、またに取《と》りつく
人《ひと》の顔《かお》のようなできものや傷《きず》
食《た》べ物《もの》を食《た》べて笑《わら》う
むしゃむしゃ
ばくばく

第2章

エンピツおばけ

エンピツをかじって幸《こう》運《うん》を授《さず》ける小《ちい》さな怪《かい》物《ぶつ》

- エンピツをかじる
- かじられたエンピツを使《つか》うと問《もん》題《だい》が解《と》ける
- かみあとが消《き》えるとエンピツの効《こう》果《か》も消《き》える

危険度《きけんど》 0%

学校《がっこう》に現《あらわ》れるおばけの中《なか》には、子《こ》どもたちの味《み》方《かた》になってくれる存《そん》在《ざい》もいる。なかでも「エンピツおばけ」は、勉《べん》強《きょう》が苦《に》手《が》な子《こ》どもを助《たす》けてくれるたのもしい存《そん》在《ざい》だろう。

エンピツおばけは、とある小学校《しょうがっこう》に現《あらわ》れるという大変小《たいへんち》さな怪《かい》物《ぶつ》だ。エンピツをかじることが好《す》きで、このおばけにかじられたエンピツを使《つか》うと、苦《に》手《が》な問《もん》題《だい》でも不《ふ》思《し》議《ぎ》とすらすらと解《と》けるようになるという。ただし、エンピ

ツをけずるなどして、エンピツおばけのかんだあとがなくなってしまうと、その効果《こうか》が消えてしまうそうだ。もし、キミのエンピツに覚《おぼ》えのないかみあとがあれば、エンピツおばけが現《あらわ》れたのかもしれない。

目撃情報《もくげきじょうほう》

エンピツおばけのような、子《こ》どもの味方《みかた》は他《ほか》にもいる。「学校《がっこう》わらし」は幸運《こううん》の神様《かみさま》で、ときどきみんなに混《ま》じって遊《あそ》ぶという。

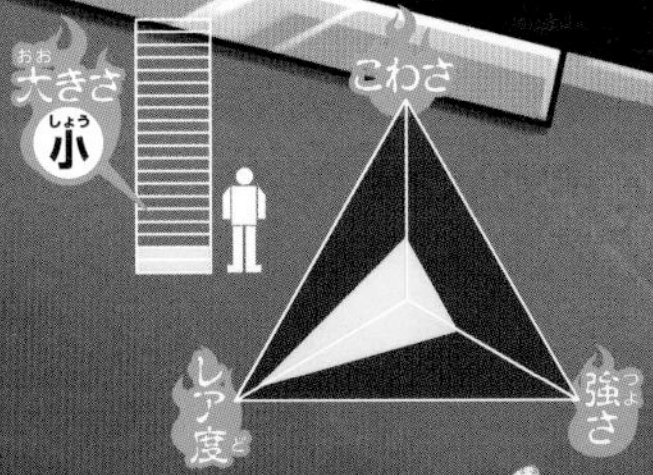

にげるにはどうする？

エンピツおばけに感謝《かんしゃ》しよう

エンピツおばけは、子《こ》どもたちの味方《みかた》なので、もし現《あらわ》れたらお礼《れい》を言《い》おう。エンピツおばけをつかまえて無理《むり》にえんぴつをかじらせたり、かじられたエンピツで悪《わる》さをしようとしたら、二度《にど》と助《たす》けてくれないかもしれない。

第2章

ロクちゃん

人間《にんげん》にうらみをもった ボロボロの人形《にんぎょう》

もしクラスに人形《にんぎょう》が置《お》いてあるなら大切《たいせつ》にあつかったほうがいい。人形《にんぎょう》には魂《たましい》が宿《やど》ると言《い》われているからだ。

ある小学校《しょうがっこう》のクラスに「ロクちゃん」と呼《よ》ばれる人形《にんぎょう》がいた。その子《こ》のお腹《なか》の中《なか》には、子《こ》どもたちが「きらいなもの」というテーマで書《か》いた作文《さくぶん》がつめこまれていて、子《こ》どもたちはイライラするとロクちゃんをぶったりふんだりしていた。しかし、あるときからロクちゃんが夜《よ》中《なか》に動《うご》いたり、しゃべったりするというウワサが流《なが》れた。さらに、ロクちゃんをひどくあつかった子《こ》どもたちが順番《じゅんばん》に死《し》んでいく事件《じけん》が起《お》こったのだ。ロクちゃんの呪《のろ》いだというウワサが流《なが》れ、ロクちゃんは焼却炉《しょうきゃくろ》で燃《も》やされたというが、はたして……。

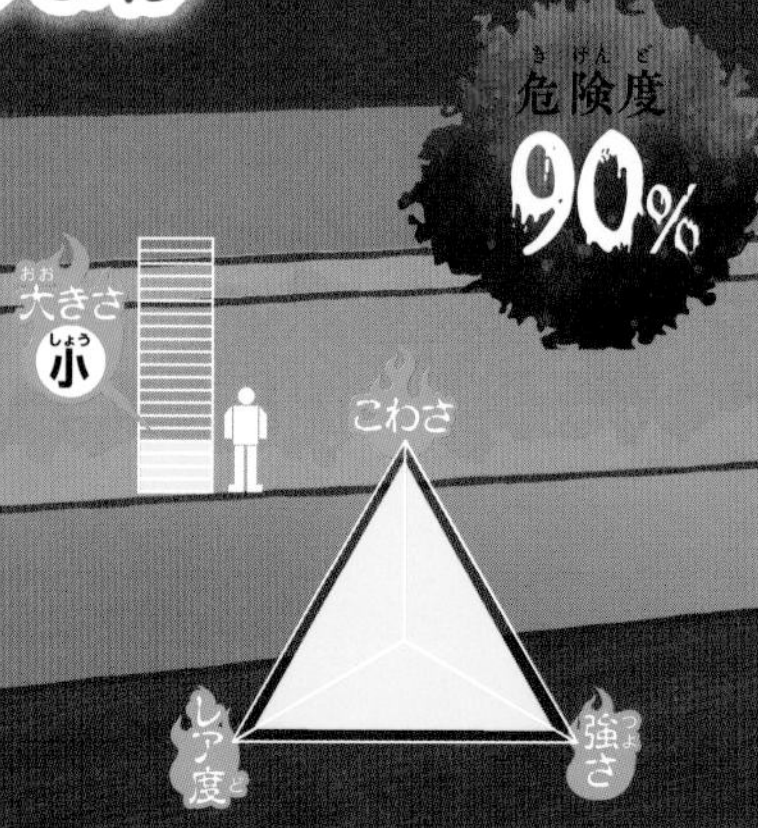

目撃情報《もくげきじょうほう》

10年後《ねんご》、クラス会《かい》が行《おこな》われたとき、だれかが「ロクちゃーん」と呼《よ》ぶと、だれもいない教室《きょうしつ》から「はーい」という声《こえ》が聞《き》こえたという。

にげるにはどうする？

人形《にんぎょう》をそまつにするのはやめよう

昔《むかし》から呪《のろ》いの人形《にんぎょう》にまつわる怪談《かいだん》や都市《とし》伝説《でんせつ》は多《おお》い。そまつにあつかわれた人形《にんぎょう》には悪霊《あくりょう》が乗《の》り移《うつ》りやすく、人間《にんげん》をうらんでおそうこともあるようだ。人形《にんぎょう》は大切《たいせつ》にあつかうようにすれば問題《もんだい》ないだろう。

ボロボロの布製《ぬのせい》の人形《にんぎょう》
動《うご》いたりしゃべったりする
そまつにあつかった人間《にんげん》を殺《ころ》す
ロクちゃーん
ロクちゃん
はーい

「教室《きょうしつ》の怪人《かいじん》・怪物《かいぶつ》」

研《けん》究レポート

キミが通《かよ》っている学校《がっこう》の教室《きょうしつ》で、いつもとはちがう気配《けはい》を感《かん》じたことはないだろうか。怪人《かいじん》の出《で》やすい場所《ばしょ》や時間《じかん》を分析《ぶんせき》する。

怪人《かいじん》が出《で》やすい場所《ばしょ》とは？

学校《がっこう》のあらゆる場所《ばしょ》に怪異《かいい》はひそんでいる。理科室《りかしつ》には「動《うご》くガイコツ模型《もけい》」（→P50）だけでなく「動《うご》く人体《じんたい》模型《もけい》」も出《で》たり、「図《と》書室《しょしつ》のピエロ」は図書室《としょしつ》の鏡《かがみ》に出《で》る。つまり、ぜったいに安全《あんぜん》な場所《ばしょ》などないのだ。目撃情報《もくげきじょうほう》はひとりでいるときが多《おお》いので、人《ひと》がいない場所《ばしょ》では注意《ちゅうい》が必要《ひつよう》だ。

放課後《ほうかご》は特《とく》に危険《きけん》かもしれない

授業《じゅぎょう》が終《お》わり、人《ひと》がいなくなった教室《きょうしつ》は怪《かい》談《だん》の目撃情報《もくげきじょうほう》が多《おお》い。「あぎょうさん」は、夕方《ゆうがた》に教室《きょうしつ》にひとりでいると、天井《てんじょう》から現《あらわ》れる老婆《ろうば》の怪人《かいじん》だ。「逢魔《おうま》が時《とき》」（→P212）という怪談《かいだん》があるように、夕方《ゆうがた》という時間《じかん》は魔《ま》が出《で》やすい。授業《じゅぎょう》が終《お》わったらすぐに家《いえ》に帰《かえ》るのをおすすめする。

こわい遊《あそ》びは何《なに》かを呼《よ》ぶ

教室《きょうしつ》で友《とも》だちとできる遊《あそ》びにも、こわいものはある。「エンジェルさま」（→P66）とよく似《に》た紙《かみ》を使《つか》う「こっくりさん」や、部《へ》屋《や》の四隅《よすみ》を使《つか》う「四隅《よすみ》ゲーム」などは、霊《れい》を呼《よ》び出《だ》す危険《きけん》な遊《あそ》びだ。運《うん》が悪《わる》ければ、現《あらわ》れた霊《れい》が帰《かえ》ってくれないこともある。こわい遊《あそ》びは気軽《きがる》にやってはいけない。

「教室《きょうしつ》の怪人《かいじん》・怪物《かいぶつ》」の傾向《けいこう》チャート

凶暴《きょうぼう》
読《よ》んではいけない本《ほん》
(→P86)
保健室《ほけんしつ》の口《くち》さけ女《おんな》
(→P18)
ロクちゃん
(→P112)
動《うご》く人体模型《じんたいもけい》
夜《よる》になると動《うご》き出《だ》す理科室《りかしつ》に置《お》いてある人体模型《じんたいもけい》。「背比《せいくら》べしよう」と声《こえ》をかけてくるが、断《ことわ》ると首《くび》を切《き》られてしまう。
動《うご》くガイコツ模型《もけい》
(→P50)
合《あ》わせ鏡《かがみ》の悪魔《あくま》
(→P94)
夜《よる》
朝《あさ》
エンジェルさま
(→P66)
しゃべるカーテン
(→P100)
教室《きょうしつ》の天井《てんじょう》から現《あらわ》れる老婆《ろうば》の姿《すがた》の怪人《かいじん》。手《て》はクモのように黒《くろ》く、子《こ》どもの首《くび》をなめる。なぞかけをしてくる。
あぎょうさん
AI《エーアイ》ババア
(→P72)
カマキリ男爵《だんしゃく》
(→P182)
学校《がっこう》わらし
座敷《ざしき》わらしという妖怪《ようかい》の一種《いっしゅ》で、学校《がっこう》に住《す》んでいる。見《み》た目《め》は子《こ》どもの姿《すがた》で、見《み》える人《ひと》と見《み》えない人《ひと》がいる。
赤《あか》いドレスの女《おんな》
(→P74)
エンピツおばけ
(→P110)
おとなしい

あらゆる魔物《まもの》からの攻撃《こうげき》を防《ふせ》ぐ！

悪《あく》霊《りょう》退《たい》散《さん》アクション

─防《ぼう》御《ぎょ》編《へん》─

魔物《まもの》が近《ちか》づいてきたら、防御《ぼうぎょ》の姿勢《しせい》で身《み》を守《まも》ろう。とっさにできるアクションを紹介《しょうかい》する。

指《ゆび》を組《く》んでバリアする！

人差《ひとさ》し指《ゆび》と中指《なかゆび》をからめるポーズをとると、自分《じぶん》の周囲《しゅうい》に魔除《まよ》けのバリアが張《は》られて魔物《まもの》が入《はい》ってこられなくなる。魔物《まもの》を目《め》の前《まえ》にしたとき、すぐに作《つく》れるよう練習《れんしゅう》しよう。他《ほか》にも、両手《りょうて》の人差《ひとさ》し指《ゆび》をクロスさせるポーズもおすすめだ。

〆《しめ》の字《じ》を切《き》る！

ふたりでおこなう魔除《まよ》けの方法《ほうほう》だ。ひとりが後《うし》ろを向《む》き、もうひとりがその後《うし》ろに立《た》つ。首《くび》の後《うし》ろで１回《かい》、手《て》をたたいたあと、左手《ひだりて》で２～３回《かい》、空中《くうちゅう》に大《おお》きな「〆《しめ》」の字《じ》を書《か》こう。バリアが張《は》られて、魔物《まもの》は近《ちか》づけなくなる。

守護《しゅご》アイテムを身《み》につける！

鏡《かがみ》

光《ひかり》を反射《はんしゃ》する鏡《かがみ》には神聖《しんせい》な力《ちから》が宿《やど》るという。ただし割《わ》れた鏡《かがみ》は悪霊《あくりょう》を呼《よ》ぶので手《て》ばなそう。

銀色《ぎんいろ》のもの

古《ふる》くから銀色《ぎんいろ》の光《ひかり》には魔除《まよ》けの効果《こうか》があるといわれている。

赤色《あかいろ》のもの

古《ふる》くから赤色《あかいろ》には聖《せい》なる力《ちから》が宿《やど》るとされる。身《み》につけるものがおすすめ。

鈴《すず》

魔物《まもの》は鈴《すず》の音《ね》をきらうといわれている。魔物《まもの》が近《ちか》づいてきたら鳴《な》らそう。

お守《まも》り

お札《ふだ》やお守《まも》りは身《み》を守《まも》るための最強《さいきょう》アイテム。この本《ほん》の特典《とくてん》もおすすめ（→P218）。

やってはいけない！

バッドアクション

背中《せなか》を人差《ひとさ》し指《ゆび》で上《うえ》から下《した》になぞってはいけない……

だれかの背中《せなか》を、人差《ひとさ》し指《ゆび》で上《うえ》から下《した》にまっすぐ線《せん》を引《ひ》くと、その人《ひと》は呪《のろ》われて寿命《じゅみょう》が縮《ちぢ》まると言《い》われている。くれぐれもいたずらするのはやめよう。逆《ぎゃく》に、下《した》から上《うえ》に線《せん》を引《ひ》けば、寿命《じゅみょう》を延《の》ばすことができるという。

第《だい》3章《しょう》

学《がっ》校《こう》にねむる秘《ひ》密《みつ》

おそろしいウワサが生《う》まれるのは
怪《かい》異《い》に出《で》会《あ》った人《ひと》がいるから。

次《つぎ》の目撃者《もくげきしゃ》に選《えら》ばれるのは
キミかもしれない。

学校《がっこう》に秘《ひ》められたなぞを
解《と》き明《あ》かしたくはないか？

さあ、闇《やみ》の世界《せかい》を
今《いま》こそのぞいてみよう……。

認定《にんてい》！

話《はな》してはいけない!?
100話目《わめ》の怪談《かいだん》
ねえねえ
百物語《ひゃくものがたり》って知《し》ってる?
百物語《ひゃくものがたり》?
順番《じゅんばん》にこわい話《はなし》をしてひとつ終《お》わるたびにろうそくの火《ひ》をひとつ消《け》すの
そして100話目《わめ》が終《お》わると
フッ
本当《ほんとう》にこわいことが起《お》きるんだって

え〜ウソだ〜

信《しん》じない？

じゃあ試《ため》しにやってみようよ！

実《じつ》は私《わたし》 ろうそく持《も》ってきたんだ〜

うわーまじで!?

それじゃあ
始《はじ》めるよ
放課後《ほうかご》の教室《きょうしつ》でエンジェルさまという遊《あそ》びをしてた子《こ》たちがいて——

体育館《たいいくかん》にあるバスケットゴールの下《した》で転《ころ》ぶと異次元《いじげん》の穴《あな》に落《お》ちてその子《こ》はこの世《よ》から消《き》えてしまう——

美術室《びじゅつしつ》のモナリザの絵《え》は放課後《ほうかご》になると目《め》が光《ひか》って額縁《がくぶち》から出《で》てきて歩《ある》き回《まわ》るんだって——

次《つぎ》で100話目《わめ》…
ね ねえ なんでみんな だまってるの？
だれか 次《つぎ》の話《はなし》を――
学校《がっこう》には七不思議《ななふしぎ》と 呼《よ》ばれる7つの怪談《かいだん》が 存在《そんざい》する――
すべてを 知《し》ってしまうと――
フッ
……!!
シィ…ン
――終《お》わり

……あれ？
なーんだ何《なに》も起《お》きないじゃん
やっぱりねー
アハハ
ねえ最後《さいご》の話《はなし》を話《はな》したのってだれ？
私《わたし》じゃないよー
私《わたし》もちがう
私《わたし》も――
私《わたし》でもないけど…
え…
じゃあ…
だれが…？

百物語《ひゃくものがたり》

何《なに》かが起《お》こる100話《わ》の怪談《かいだん》

百物語《ひゃくものがたり》とは、古《ふる》くから伝《つた》わる怪談《かいだん》をする会《かい》のこと。100本《ぽん》のろうそくに火《ひ》をともし、こわい話《はなし》をひとつするたびに1本《ぽん》のろうそくの火《ひ》を消《け》していく。夕暮《ゆうぐ》れどきから始《はじ》めると、ちょうど丑《うし》三《み》つ時《どき》と呼《よ》ばれる夜中《よなか》の2時過《じす》ぎ頃《ごろ》に100話目《わめ》を話《はな》し終《お》える。最後《さいご》のろうそくの火《ひ》をフッと消《け》すと、必《かなら》ず怪異《かいい》が現《あらわ》れるのだという。

昔《むかし》、百物語《ひゃくものがたり》をしようと集《あつ》まった子《こ》どもたちがいた。99話《わ》の怪談《かいだん》を語《かた》り、最《さい》後《ご》の1本《ぽん》のろうそくを消《け》したあと、最《さい》後《ご》の100話目《わめ》はとびきりこわい話《はなし》だ

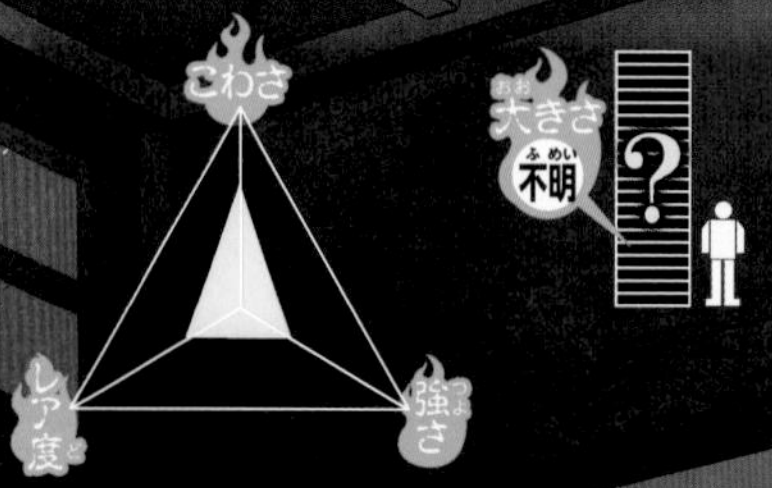
こわさ
レア度《ど》
強《つよ》さ
大《おお》きさ
不明《ふめい》
?

100本《ほん》のろうそくに火《ひ》をつける
怪談《かいだん》を話《はな》すごとにろうそくの火《ひ》を消《け》す
100話目《わめ》を終《お》えると怪異《かいい》が現《あらわ》れる

ったので「最後《さいご》の話《はなし》はだれがしたの？」と確認《かくにん》したところ、自分《じぶん》が話《はな》したという人《ひと》がいなかった。けっきょく１００話《わ》目《め》を語《かた》ったのがだれかはわからないままだという。

にげるにはどうする？

100話《わ》目《め》をどうするか…

100話《わ》の怪談《かいだん》を語《かた》り終《お》えたときに現《あらわ》れる怪異《かいい》がなんなのかはわからない。百物語《ひゃくものがたり》を試《ため》すことはだれでもできるが、99話《わ》で止《と》めておくほうが安心《あんしん》だ。もし100話《わ》目《め》を語《かた》る人《ひと》が現《あらわ》れたら、それは人《ひと》ではない何《なに》かかもしれない。

危険度《きけんど》
79%

目撃情報《もくげきじょうほう》

百物語《ひゃくものがたり》は江戸時代《えどじだい》に流行《りゅうこう》し、たくさんの怪談《かいだん》がのった本《ほん》や絵《え》が残《のこ》されている。昔《むかし》も今《いま》もこわい話《はなし》が好《す》きな人《ひと》は多《おお》いようだ。

第3章

おどる巨人《きょじん》

危険度《きけんど》
49%

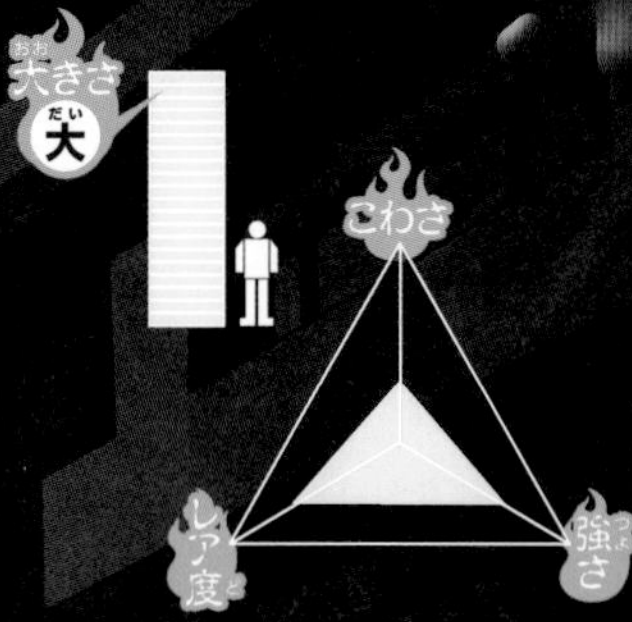

目撃情報《もくげきじょうほう》

背《せ》が高《たか》い怪人《かいじん》で有名《ゆうめい》な八尺さま（→P176）の身長は2メートル以上《いじょう》なので、体育館の巨人は学校の怪談の中では最大級だろう。

楽《たの》しそうにおどる5メートルもの怪人《かいじん》

キミの学校《がっこう》の体育館《たいいくかん》の天井《てんじょう》はどれくらいの高《たか》さがあるだろうか。ふつうは教室《きょうしつ》よりもずっと高《たか》いはずだ。そんな体育館《たいいくかん》の天井《てんじょう》にとどきそうなほどの巨《きょ》人《じん》が目撃《もくげき》されている。「おどる巨人《きょじん》」と呼《よ》ばれる怪人《かいじん》で、見《み》た目《め》は人間《にんげん》と変《か》わらないが身長《しんちょう》が5メートルもあるという。黒《くろ》いスーツに白《しろ》い蝶《ちょう》ネクタイをしており、メガネをかけている。

体育館《たいいくかん》には音楽《おんがく》が流《なが》れており、巨人《きょじん》はメロディに合《あ》わせて楽《たの》しそうにおどっているという。いったい、どこからやってきてなんのためにおどっているのかは不明《ふめい》だ。目撃時間《もくげきじかん》も決《き》まっておらず、これほど大《おお》きな巨人《きょじん》が、いつもは体育館《たいいくかん》のどこにかくれているのだろうか。なぞは深《ふか》まるばかりである。

にげるにはどうする？

こわくはないか近《ちか》づくのは危険《きけん》

巨人《きょじん》は楽《たの》しくおどっているだけなので、危険度《きけんど》は低《ひく》そうだ。ただし、向《む》こうは人間《にんげん》を傷《きず》つけるつもりはなくても5メートルもあるのでうっかりふまれたら大《だい》ケガをするかもしれない。見《み》かけても近寄《ちかよ》らないようにしよう。

放課後《ほうかご》、体育館《たいいくかん》に現《あらわ》れる
身長《しんちょう》が5メートルもある
音楽《おんがく》に合《あ》わせておどる

のピエロ

目撃情報《もくげきじょうほう》

学校《がっこう》の図書室《としょしつ》の前《まえ》でもピエロが目撃《もくげき》されている。図書《としょ》室《しつ》の前《まえ》で足《あし》をすべらせると玉乗《たまの》りピエロが現《あらわ》れ、去《さ》っていったという。

にげるにはどうする？

見《み》かけたら全速力《ぜんそくりょく》で走《はし》ってにげろ！

もしピエロがおそいかかってきたら、全速力《ぜんそくりょく》でにげ出《だ》すしかない。ピエロを見《み》たらとにかくかくれよう。ピエロは夜《よる》の学校《がっこう》や、鏡《かがみ》の中《なか》にひそんでいることが多《おお》いようなので、くれぐれも近《ちか》づかないようにしよう。

危険度《きけんど》
50%

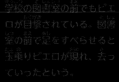

を引《ひ》きずりこむそうだ。トイレにいるピエロは、子《こ》どもに質問《しつもん》したあと、殺《ころ》してしまうという。ピエロは校舎《こうしゃ》のあちこちにひそんでいるので、くれぐれも油断《ゆだん》してはいけない。

オホホホホ〜〜
体育館《たいいくかん》の木製《もくせい》のドアに浮《う》かんでいる
だれもいないとぬけ出《だ》して動《うご》きまわる
包丁《ほうちょう》で自分《じぶん》の首《くび》を切《き》って遊《あそ》ぶ

第3章

赤《あか》ちゃんジジイ

危険度《きけんど》
42%

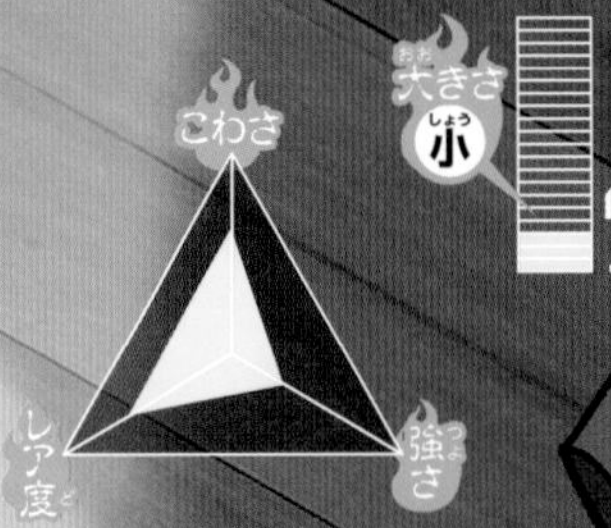

体《からだ》は赤《あか》ちゃん、顔《かお》はおじいさん

体育館《たいいくかん》のステージの上《うえ》にいるところを目撃《もくげき》されたのが赤《あか》ちゃんジジイだ。放課後《ほうかご》の体育館《たいいくかん》に現《あらわ》れるという。体《からだ》つきは人間《にんげん》の赤《あか》ちゃんだが、顔《かお》を見《み》るとしわだらけのおじいさんのような見《み》た目《め》をしているという。赤《あか》ちゃんがいると思《おも》って近《ちか》づいた目撃者《もくげきしゃ》は、赤《あか》ちゃんジジイの顔《かお》を見《み》ておどろき、あわててにげた。すると赤《あか》ちゃんとは思《おも》えないものすごいスピードでハイハイしながら追《お》いかけてきたという。

山《やま》で赤《あか》ちゃんの泣《な》き声《ごえ》をマネして、近《ちか》づいてきた人間《にんげん》にしがみつき命《いのち》をうばう「子《こ》泣《な》きジジイ」という妖怪《ようかい》がいる。もしかすると赤《あか》ちゃんジジイも子《こ》泣《な》きジジイの仲間《なかま》なのだろうか。

放課後《ほうかご》の体育館《たいいくかん》のステージに出現《しゅつげん》する
体《からだ》は赤《あか》ちゃんだが顔《かお》はおじいさん
猛《もう》スピードでハイハイする

目撃情報《もくげきじょうほう》

体《からだ》は赤《あか》ちゃんだが顔《かお》が老婆《ろうば》という「赤《あか》ちゃんババア」もいる。この怪人《かいじん》は体育館《たいいくかん》のステージを回《まわ》り、最後《さいご》には自分《じぶん》の足《あし》を食《く》うという。

にげるにはどうする？

全速力《ぜんそくりょく》でにげよう

赤《あか》ちゃんジジイはものすごいスピードのハイハイで追《お》いかけてくるが、全速力《ぜんそくりょく》で走《はし》ればにげきれるかもしれない。もし追《お》いつかれてしまったら助《たす》かるかはわからないので、走《はし》るのが苦手《にがて》なら放課後《ほうかご》の体育館《たいいくかん》には近《ちか》づかないことだ。

大目玉《おおめだま》

人間《にんげん》をにらみつける天井《てんじょう》の巨大《きょだい》な目玉《めだま》

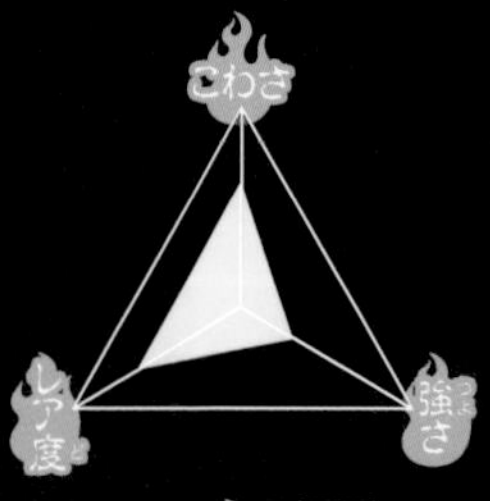

危険度《きけんど》
30%

学校《がっこう》の体育館《たいいくかん》の天井《てんじょう》を見上《みあ》げてみよう。いくつかのボールが、天井《てんじょう》にはさまったままあるのではないだろうか。それだけならよくある光景《こうけい》かもしれないが、その中《なか》のひとつは、もしかしたらボールではないかもしれない。

ある小学校《しょうがっこう》のウワサによると、その小学校《しょうがっこう》の体育館《たいいくかん》の天井《てんじょう》には4つのボールがはさまっているというが、そのうちのひとつだけは、人《ひと》がいない体育館《たいいくかん》で巨大《きょだい》な目玉《めだま》に変《か》わっているという。

その他《ほか》、静岡県浜松市《しずおかけんはままつし》の学校《がっこう》では、ソフトボールのクラブ活動《かつどう》を終《お》えて帰《かえ》ろうとした子《こ》どもが、ふと視線《しせん》を感《かん》じて天井《てんじょう》を見《み》た。すると巨大《きょだい》な目玉《めだま》が天《てん》井《じょう》に浮《う》かんでいて、その子《こ》をにらみつけていたそうだ。

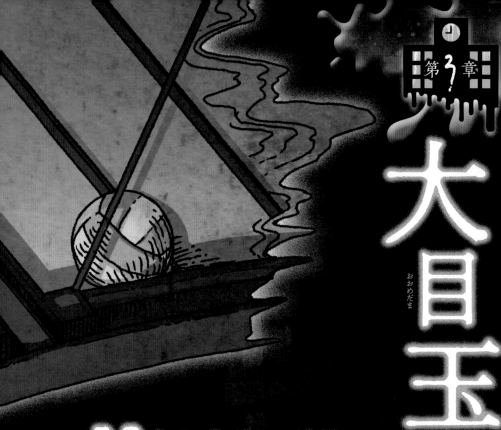

- 体育館《たいいくかん》の天井《てんじょう》に出《で》る
- 天井《てんじょう》にはさまったボールのふりをしている
- 人間《にんげん》をにらんでくる

目撃情報《もくげきじょうほう》

目玉《めだま》の怪異《かいい》は多《おお》く、とつぜん現《あらわ》れた目玉《めだま》ににらまれたとたん、金《かな》しばりにあい、その後《ご》4日《か》間《かん》、高熱《こうねつ》が出《で》たというウワサもある。

にげるにはどうする？

体育館《たいいくかん》でひとりにならないように

体育館《たいいくかん》の天井《てんじょう》に現《あらわ》れた大目玉《おおめだま》を見《み》て、金《かな》しばりや体調不良《たいちょうふりょう》になったという人《ひと》は今《いま》のところいないようだ。とはいえ不気味《ぶきみ》だし、じっと見《み》られるのは気持《きも》ちが悪《わる》い。体育館《たいいくかん》でひとりきりにならないように気《き》をつけよう。

絶対《ぜったい》に話《はな》してはいけない怪談《かいだん》
そのとき後《うし》ろから女《おんな》の声《こえ》で…
先生《せんせい》！前《まえ》もそのこわい話《はなし》聞《き》いたよ～
じゃあくわしい内容《ないよう》は誰《だれ》も知《し》らない
「牛《うし》の首《くび》」という怪談《かいだん》をしましょうか
牛《うし》の首《くび》？変《へん》なのー
ガクッ
おおい大丈夫《だいじょうぶ》か？

ド
ゴゴゴゴ
いってぇ

第3章

牛《うし》の首《くび》

江戸時代《えどじだい》からある有名《ゆうめい》な怪談《かいだん》

話《はなし》の内容《ないよう》を知《し》る人《ひと》はごくわずか

こわすぎて気《き》を失《うしな》う人《ひと》もいる

危険度《きけんど》
61%

内容《ないよう》が不明《ふめい》のおそろしすぎる怪談《かいだん》

キミは「牛《うし》の首《くび》」という怪談《かいだん》を知《し》っているだろうか。江戸時代《えどじだい》から存在《そんざい》する、かなりこわい怪談《かいだん》だという。ただし、話《はなし》のくわしい内容《ないよう》を知《し》っている人《ひと》がほとんどいないという不思議《ふしぎ》な怪談《かいだん》なのだ。

ある遠足《えんそく》の日《ひ》、バスの中《なか》で先生《せんせい》が子《こ》どもたちに「牛《うし》の首《くび》」を話《はな》しはじめたという。話《はなし》を聞《き》くうちにこわくなった子《こ》どもたちはやめるようお願《ねが》いしたが、先生《せんせい》は止《と》まらなかった。まるで何《なに》かにとりつかれたようにバスが急停止《きゅうていし》するまでしゃべりつづけた。子《こ》どもたちは全員《ぜんいん》気《き》を失《うしな》っており、運転手《うんてんしゅ》もぶるぶると震《ふる》えていたそうだ。

結局《けっきょく》、先生《せんせい》が話《はな》した内容《ないよう》は不明《ふめい》のままだが、気《き》を失《うしな》うほどおそろしい話《はなし》であることはまちがいないようだ。

目撃情報《もくげきじょうほう》

「牛《うし》の首《くび》」は、インターネットなどを通《つう》じで現在《げんざい》もウワサが広《ひろ》まりつづけている。ただし、どんな内容《ないよう》なのかを語《かた》る人《ひと》はいないようだ。

にげるにはどうする？

耳《みみ》をふさぐしかない

「牛《うし》の首《くび》」を知《し》っている人《ひと》が少《すく》ないため、どんな話《はなし》なのか気《き》になるかもしれないが、知《し》ることはおすすめはしない。もし話《はなし》を聞《き》くことになっても、耳《みみ》をふさいで聞《き》かないようにして自分《じぶん》を守《まも》ろう。

「牛《うし》の首《くび》」というのは…
大《おお》きさ
不明《ふめい》
?
こわさ
レア度《ど》
強《つよ》さ

ヒモジイさま《さま》

取《と》りついた人《ひと》を空腹《くうふく》にする やせ細《ほそ》った妖怪《ようかい》

遠足《えんそく》で山歩《やまある》きのとちゅう、とつぜん歩《ある》けなくなるほどお腹《なか》が空《す》いてしまったら、「ヒモジイさま」がついてしまったかもしれない。ヒモジイさまというのは山《やま》に住《す》むやせ細《ほそ》った姿《すがた》をした妖怪《ようかい》で、これに取《と》りつかれるとお腹《なか》が空《す》いて動《うご》けなくなってしまうという。

兵庫県《ひょうごけん》のとある小学校《しょうがっこう》では、遠足《えんそく》で学校近《がっこうちか》くの峠《とうげ》に出《で》かけたとき、ひとりの男子《だんし》がヒモジイさまに取《と》りつかれてしまった。昼《ひる》ごはんを食《た》べたばかりなのに、急《きゅう》におなかがすいて一歩《いっぽ》も動《うご》け

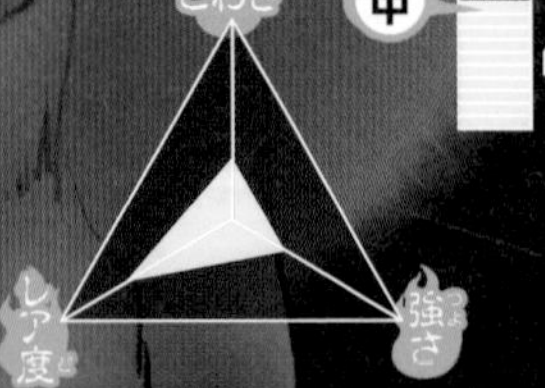

ないという。そこで先生《せんせい》は、この男子《だんし》におにぎり5つとおかしをあたえた。すると、男子《だんし》はものすごい勢《いきお》いでおにぎりやおかしを口《くち》に放《ほう》りこみ、ようやく動《うご》けるようになったそうだ。

危険度《きけんど》
28%

目撃情報《もくげきじょうほう》

ヒモジイさまは山口県周防《やまぐちけんすおう》大島《おおしま》で語《かた》られている妖怪《ようかい》だ。取《と》りつかれると空腹《くうふく》で動《うご》けなくなるが、ひと口《くち》おにぎりを食《た》べれば回復《かいふく》する。

おじいさんの姿《すがた》をした妖怪《ようかい》

山《やま》でとつぜんお腹《なか》が空《す》く

手《て》のひらに「米《こめ》」と書《か》けば助《たす》かるね

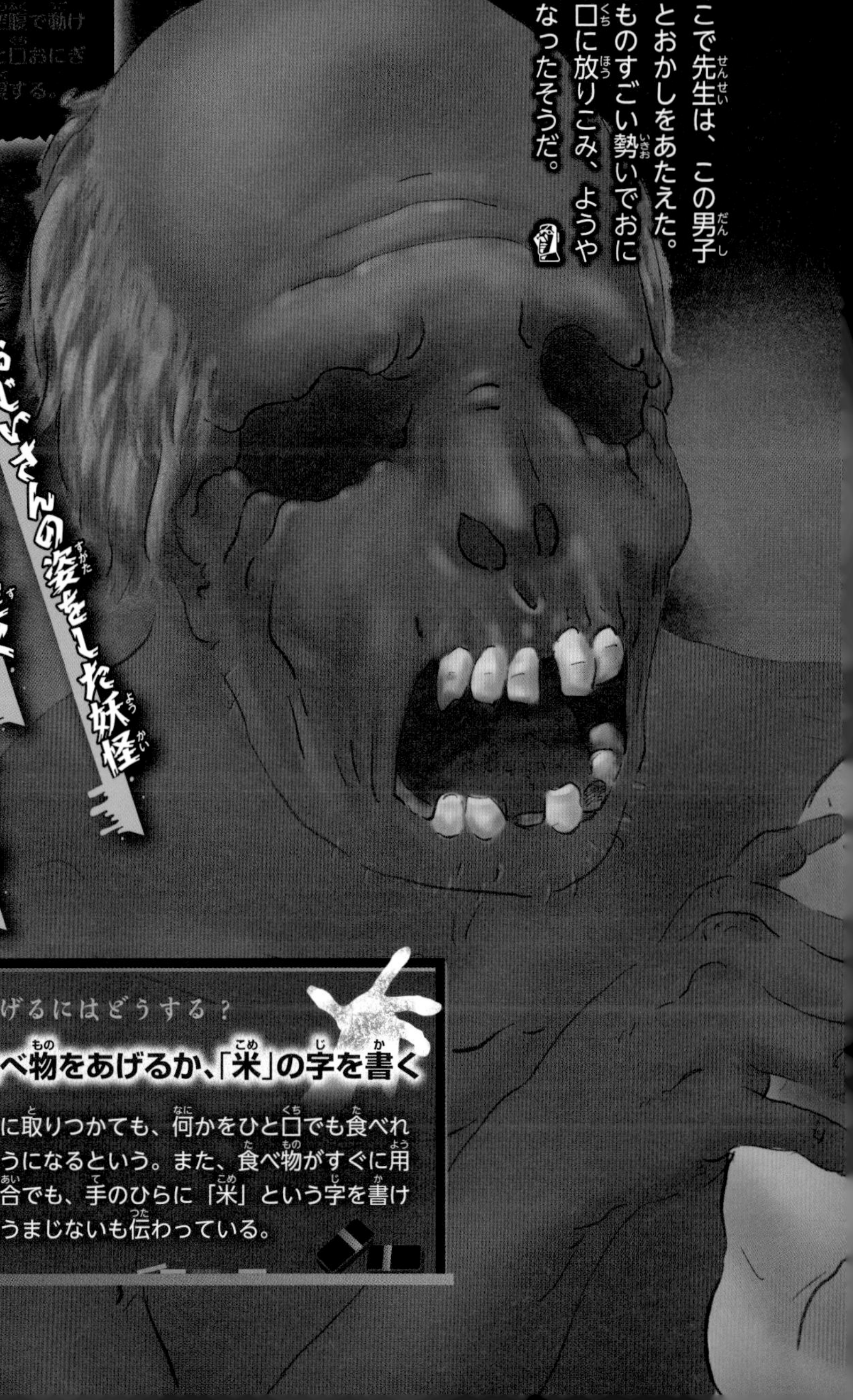

にげるにはどうする？

食《た》べ物《もの》をあげるか、「米《こめ》」の字《じ》を書《か》く

ヒモジイさまに取《と》りつかても、何《なに》かをひと口《くち》でも食《た》べれば体《からだ》が動《うご》くようになるという。また、食《た》べ物《もの》がすぐに用《よう》意《い》できない場合《ばあい》でも、手《て》のひらに「米《こめ》」という字《じ》を書《か》けば助《たす》かるというまじないも伝《つた》わっている。

第3章
うかみさま《さま》
うかみさまが助《たす》けてくれるから……
うかみさまがぁ!!

夜《よる》の海《うみ》からうかがい見《み》る恐怖《きょうふ》の邪神《じゃしん》

臨海学校《りんかいがっこう》や合宿《がっしゅく》などで海《うみ》に行《い》くと、しばしば不思議《ふしぎ》な体験《たいけん》をするようだ。

ある女子高校生《じょしこうこうせい》の話《はなし》によると、夜《よる》、みんなで海岸《かいがん》でたき火《び》を囲《かこ》んでいたら、いつの間《ま》にかたき火《び》のそばに大勢《おおぜい》の知《し》らない人《ひと》がいて、全員炎《ぜんいんほのお》に包《つつ》まれながら海《うみ》のほうを見《み》てあばれていた。さらに沖《おき》からは、白《しろ》い着物《きもの》を着《き》た人《ひと》が大勢《おおぜい》乗《の》った白《しろ》い船《ふね》が近《ちか》づいてきた。

異様《いよう》な光景《こうけい》にみんなはおどろき、合宿所《がっしゅくじょ》ににげてドアを閉《し》めたが、外《そと》からは「こっちに来《き》て。うかみさまが助《たす》けてくれるから」とさけぶ声《こえ》と、ドアをたたく音《おと》が聞《き》こえた。次《つぎ》の日《ひ》の朝《あさ》、ドアを開《あ》けると、塩《しお》とけむりのにおいがたちこめ、すすけた手形《てがた》がドア一面《いちめん》にびっしりついていたという。

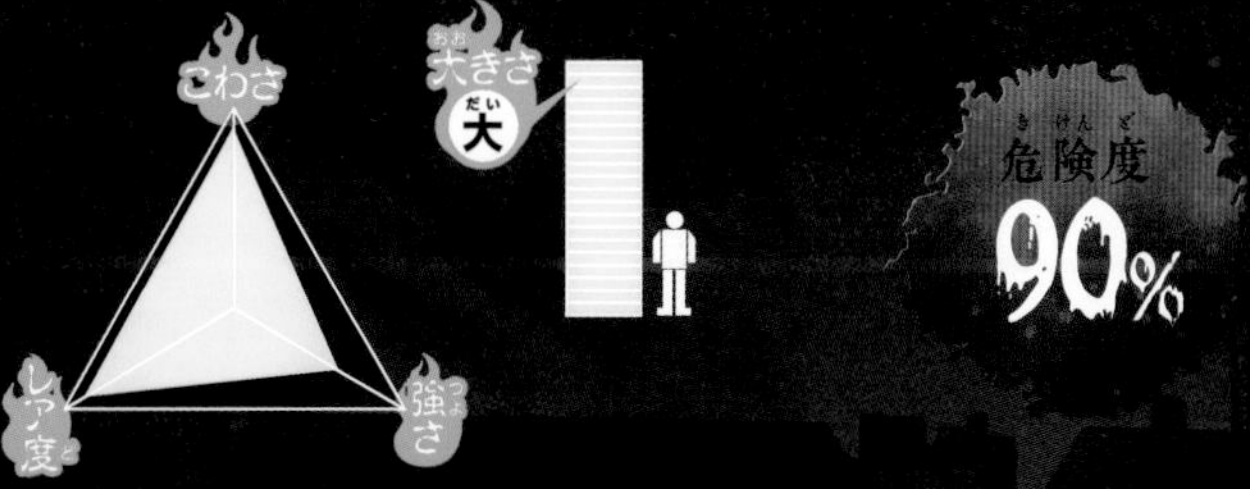

夜《よる》の海岸《かいがん》に現《あらわ》れる

炎《ほのお》に包《つつ》まれた人《ひと》が追《お》いかけてくる

海《うみ》から白《しろ》い船《ふね》がやってくる

目撃情報《もくげきじょうほう》

うかみさまは「窺見神《うかみしん》」という名前《なまえ》だという。50年以上《ねんいじょう》前《まえ》に、この海岸《かいがん》でうかみさまを信《しん》じていた人《ひと》が大勢亡《おおぜいな》くなったことがあるそうだ。

にげるにはどうする？

建物《たてもの》ににげこみ、ドアを閉《し》める

もしつかまってしまったら、うかみさまにあの世《よ》へ連《つ》れていかれるかもしれない。もし海岸《かいがん》で異常《いじょう》なことが起《お》きたら、すぐに建物《たてもの》にかけこみ、ドアをしっかりしめよう。そして、夜《よる》の海《うみ》には決《けっ》して近《ちか》づいてはいけない。

第3章

人《ひと》をすいこむ木《き》

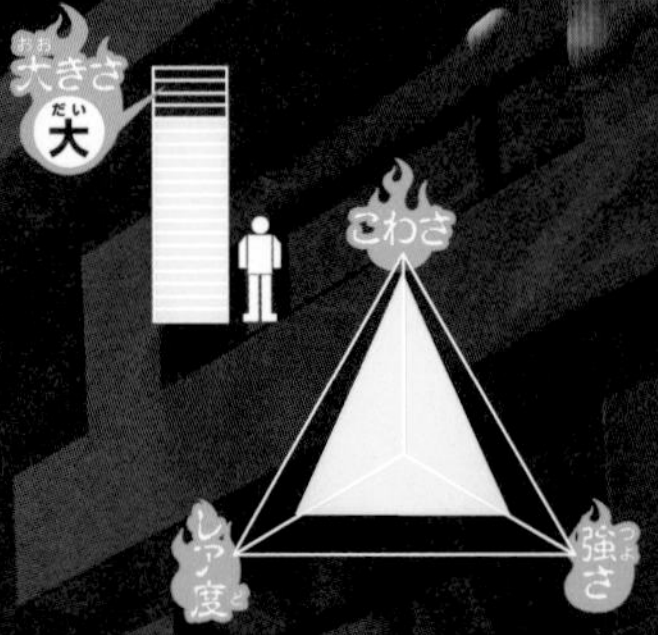

目撃情報《もくげきじょうほう》

校庭《こうてい》のイチョウの木《き》を切《き》ったら、校長《こうちょう》と教頭《きょうとう》が「胃腸《いちょう》」の病気《びょうき》で死《し》んでしまったという「イチョウのたたり」という怪談《かいだん》もある。

人《ひと》を呼《よ》ぶ声《こえ》がする巨木《きょぼく》の怪異《かいい》

キミの学校《がっこう》に大《おお》きな木《き》はあるだろうか。その木《き》にもし巨大《きょだい》な穴《あな》が空《あ》いているなら、気《き》をつけたほうがいい。その木《き》は人《ひと》をすいこむかもしれないからだ。

ある学校《がっこう》にも大《おお》きな木《き》があった。昔《むかし》、その木《き》のそばで事件《じけん》があり亡《な》くなってしまった少女《しょうじょ》がいたそうだ。その事件《じけん》が起《お》きてから、木《き》には人《ひと》が入《はい》れるほどの大《おお》きな穴《あな》が空《あ》いた。それからというもの、夜《よる》にその木《き》の近《ちか》くにいくと、自《じ》分《ぶん》を呼《よ》んでいるような声《こえ》が聞《き》こえてくるようになった。声《こえ》につられて木《き》に近《ちか》づくと、大《おお》きく空《あ》いた穴《あな》の中《なか》にすいこまれてしまうのだという。木《き》の中《なか》に消《き》えてしまった人々《ひとびと》がどこに行《い》ってしまうのかは、だれも知《し》らない。

にげるにはどうする？

声《こえ》がしたらにげよう

木《き》から聞《き》こえてくるのは、事件《じけん》で死《し》んでしまった少女《しょうじょ》の声《こえ》なのかもしれない。かわいそうだが、声《こえ》に呼《よ》ばれても反応《はんのう》してはいけない。すぐに木《き》から遠《とお》いところににげてしまおう。

木《き》のそばで亡《な》くなった少女《しょうじょ》がいる
木《き》には大《おお》きな穴《あな》が空《あ》いている
声《こえ》に呼《よ》ばれて近《ちか》づくとすいこまれる
お〜〜〜い
危険度《きけんど》
88%

墓《はか》場《ば》からひびく音《おと》！
林《りん》間《かん》学《がっ》校《こう》の夜《よる》
あ〜あ…なんでせっかくの林間学校《りんかんがっこう》が墓場《はかば》のとなりなの…
歴史《れきし》のあるお寺《てら》なのはいいんだけど…
コリ…コリ…
ふぅ…
女子トイレ
ジャー
足《あし》がキンキンに冷《ひ》えちゃった…
…？
コリ…コリ…
こんな夜中《よなか》になんの音《おと》…
チラ
!?
コリ…コリ…
ギロッ
見《み》たな…！
ヒッ！
ガタ
ガタ

いや…！なんなのよアレ
ガラッ
だれかきた…先生《せんせい》…？
見《み》られた…見《み》られた…
ヘリ‥ヘリ‥
ちがう！墓場《はかば》にいたアイツだ!!
こいつちがう…
パサッ
こいつもちがう…足《あし》が温《あたた》かい…
ペタ
ペタ
みんなの足《あし》をさわってる？なんで!?
こっちにくる！いや!!
ねていたやつは足《あし》が温《あたた》かい…便所《べんじょ》にいたやつは…
ガッ
足《あし》が冷《つめ》たい！お前《まえ》だーー!!

第3章

骨《ほね》こぶり

危険度《きけんど》
79%

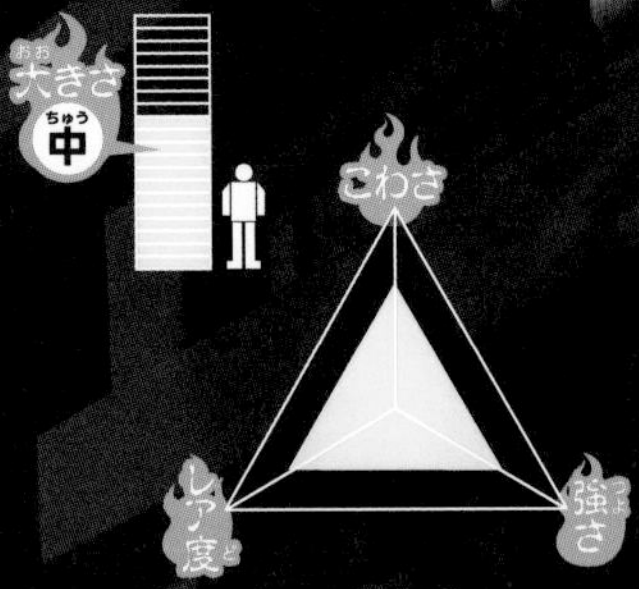

目撃情報《もくげきじょうほう》

骨《ほね》こぶりは骨《ほね》を薬《くすり》だと信《しん》じてしゃぶっているらしい。目撃者《もくげきしゃ》は無事《ぶじ》に助《たす》かったが、にぎられた足首《あしくび》には紫色《むらさきいろ》のあとがついていたという。

骨《ほね》をしゃぶる墓場《はかば》の女《おんな》

林間学校《りんかんがっこう》でおとずれた山《やま》で、おそろしい怪人《かいじん》「骨《ほね》こぶり」に出会《であ》うことがあるという。

昔《むかし》、林間学校《りんかんがっこう》で泊《と》まった夜《よる》に、ひとりの子《こ》どもが目《め》をさましてトイレに行《い》った。すると、トイレの窓《まど》の向《む》こうにあるお墓《はか》に白《しろ》い着物《きもの》で青白《あおじろ》い顔《かお》をした長《なが》い髪《かみ》の女《おんな》がいて、墓《はか》の土《つち》をほり返《かえ》して白《しろ》い骨《ほね》をしゃぶっていた。女《おんな》に見《み》つかったので、子《こ》どもはあわてて部屋《へや》にもどって布団《ふとん》の中《なか》にかくれた。そこに女《おんな》がやってきて「足《あし》が温《あたた》かいのはねていたやつ、足《あし》が冷《つめ》たいのは便所《べんじょ》にいたやつ」と言《い》って子《こ》どもたちの足《あし》を調《しら》べはじめた。そしてついに、その子《こ》の足《あし》がにぎられ、女《おんな》は「お前《まえ》だ！」とさけんだ。しかし明《あ》かりをつけると、そこに女《おんな》はいなかったという。

にげるにはどうする？

周《まわ》りを起《お》こして明《あ》かりをつけよう

目撃者《もくげきしゃ》は足《あし》の温度《おんど》でばれてしまうので、布団《ふとん》の中《なか》にかくれるのはおすすめしない。にげてきたときにすぐ周《まわ》りの人《ひと》を起《お》こそう。みんなが起《お》きて明《あ》かりをつければ骨《ほね》こぶりは近《ちか》づいてこないだろう。

見《み》たな
夜《よる》にお墓《はか》で骨《ほね》をしゃぶる
見《み》つかると追《お》いかけてくる
足《あし》の温《おん》度《ど》で目《もく》撃《げき》者《しゃ》を見《み》つける

第3章

深夜《しんや》0時《じ》のパーティ♪

生《い》き物《もの》たちが真《ま》夜《よ》中《なか》に歌《うた》っておどる!?

危険度《きけんど》
10%

学校《がっこう》で死《し》んだ生《い》き物《もの》が、人間《にんげん》へのうらみを晴《は》らすために化《ば》けて出《で》るという話《はなし》は多《おお》い。だが、ある小学校《しょうがっこう》には少《すこ》し変《か》わった生《い》き物《もの》のウワサ話《ばなし》がある。

その小学校《しょうがっこう》では、飼育《しいく》していた生《い》き物《もの》たちが死《し》んでしまうと、北校舎《きたこうしゃ》の裏《うら》に小《ちい》さな墓《はか》を作《つく》って埋《う》めていたという。すると毎晩《まいばん》、深夜《しんや》0時《じ》になると死《し》んだはずのウサギやニワトリ、金魚《きんぎょ》、カエル、カメなどが墓《はか》からよみがえり、なんと楽《たの》しそうにパーティを始《はじ》めるのだという。生《い》き物《もの》たちは、次《つぎ》の日《ひ》の朝《あさ》までには墓《はか》の中《なか》にもどっているようだ。

子《こ》どもたちに手厚《てあつ》くほうむられたため、生《い》き物《もの》たちは特《とく》に人間《にんげん》をうらむこともなく、死後《しご》も楽《たの》しく過《す》ごすことができるのだろう。

にげるにはどうする？

パーティを見学《けんがく》に行《い》かないように

生《い》き物《もの》たちのパーティを見《み》てみたいと思《おも》うかもしれない。だが、人間《にんげん》に見《み》られていることに気《き》づいたとき、生《い》き物《もの》たちがどんな行動《こうどう》に出《で》るかはわからない。おそってくるかもしれないので、見《み》るのはやめておこう。

死《し》んだ生《い》き物《もの》が墓《はか》からよみがえる

真《ま》夜《よ》中《なか》の0時《じ》にパーティを始《はじ》める

明《あ》け方《がた》に墓《はか》へと帰《かえ》る

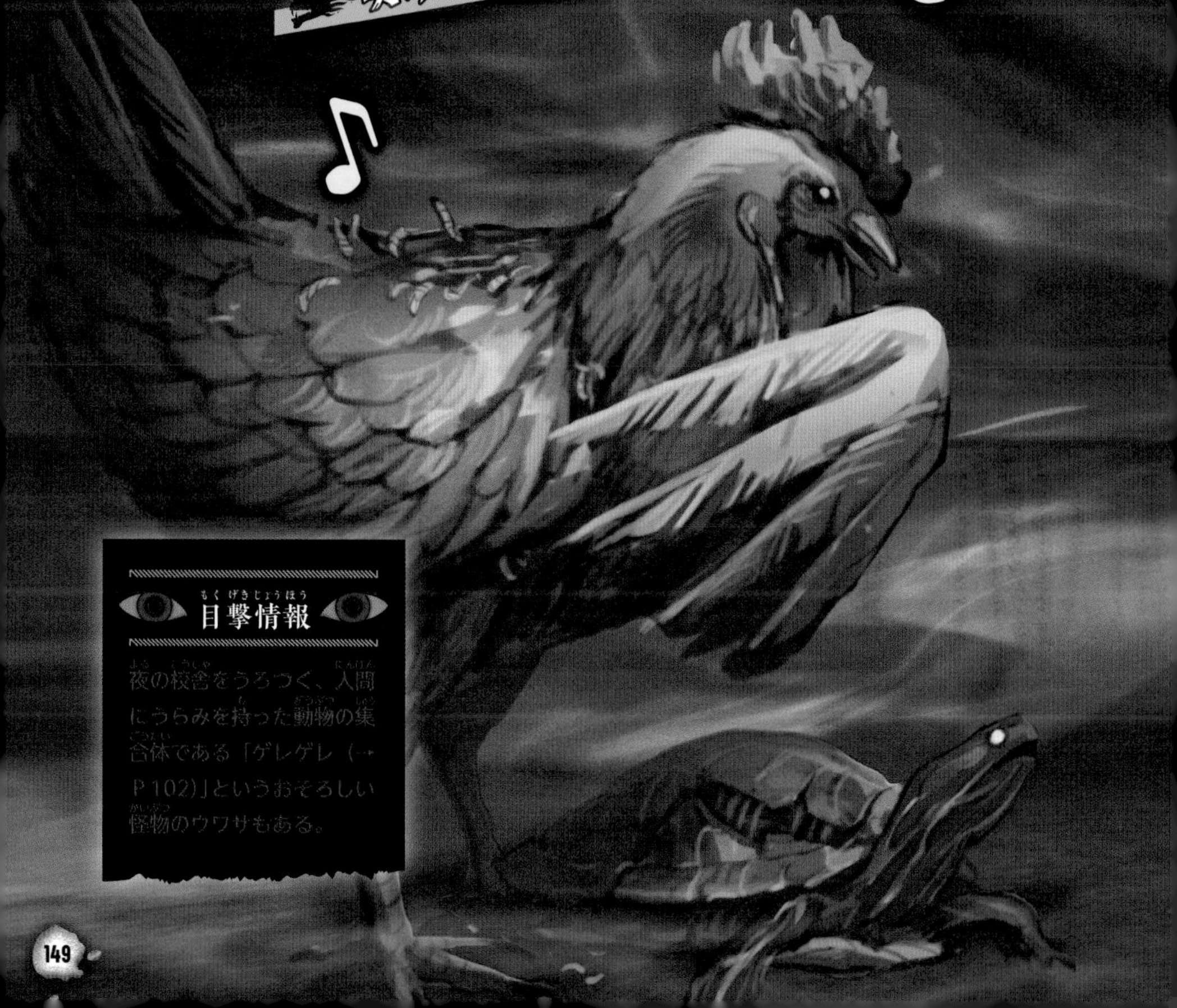

目撃情報《もくげきじょうほう》

夜《よる》の校舎《こうしゃ》をうろつく、人間《にんげん》にうらみを持《も》った動物《どうぶつ》の集《しゅう》合体《ごうたい》である「ゲレゲレ（→P 102）」というおそろしい怪物《かいぶつ》のウワサもある。

第3章

足《あし》魂《だま》

走《はし》りをおそくさせる運《うん》動《どう》会《かい》のじゃまもの

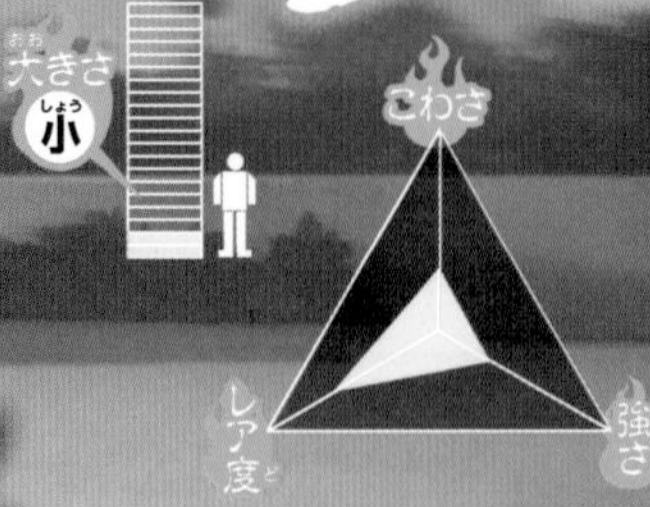

リレーのとちゅうで現《あらわ》れる

白《しろ》くて丸《まる》い形《かたち》をしている

足《あし》にまとわりつき走《はし》りのじゃまをする

運動会《うんどうかい》のリレーのとちゅうで、とつぜん足《あし》が重《おも》くなったら、ひょっとしたら「足魂《あしだま》」のいたずらかもしれない。足魂《あしだま》というのは、校庭《こうてい》や運動場《うんどうじょう》に現《あらわ》れて、走《はし》る人《ひと》の足《あし》にまとわりつく、白《しろ》くて丸《まる》い何《なに》かだ。頭《あたま》もしっぽも毛《け》もない怪物《かいぶつ》で、足魂《あしだま》が見《み》えるのは周《まわ》りの人《ひと》だけで、足魂《あしだま》につかれた人《ひと》は見《み》えないという特徴《とくちょう》をもつ。走《はし》り終《お》えると、いつの間《ま》にか消《き》えているそうだ。

他《ほか》にも地面《じめん》から2本《ほん》の手《て》がにゅっと

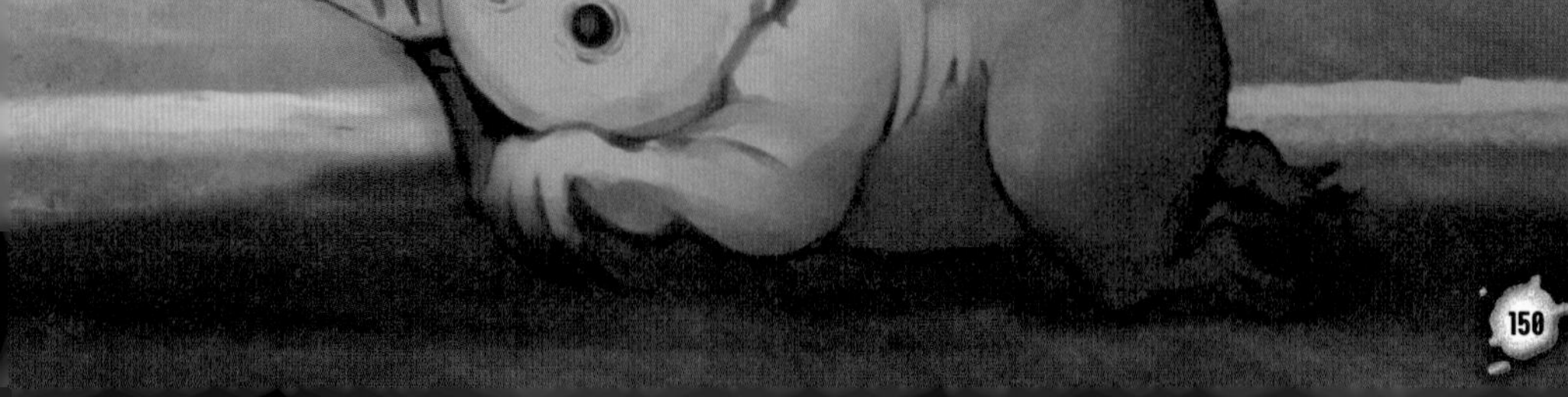

出《で》て足《あし》をつかみ、走《はし》りをじゃまする怪人《かいじん》もいる。逆《ぎゃく》に、そこらへんの小石《こいし》を拾《ひろ》って「怪《かい》ちゃん、怪《かい》ちゃん、力《ちから》をください」とお願《ねが》いすると、運動会《うんどうかい》で走《はし》る力《ちから》をあたえてくれる「怪《かい》ちゃん」というやさしい怪人《かいじん》もいる。

にげるにはどうする？

子《こ》どもの味方《みかた》の怪《かい》ちゃんにお願《ねが》い

足魂《あしだま》は気《き》まぐれなようで、いつどのタイミングで足《あし》にまとわりつくかわからない。もし足魂《あしだま》につかれても力《ちから》を出《だ》せるよう、運動会《うんどうかい》の前《まえ》には小石《こいし》を拾《ひろ》って、怪《かい》ちゃんにお願《ねが》いをしておくといいかもしれない。

危険度《きけんど》

15%

目撃情報《もくげきじょうほう》

ある小学校《しょうがっこう》の運動会《うんどうかい》で、足《あし》魂《だま》が目撃《もくげき》されている。とある少女《しょうじょ》に足魂《あしだま》がついていたといい、その姿《すがた》は白《しろ》い子犬《こいぬ》のようだったという。

水中《すいちゅう》で足《あし》をつかむもの
先生《せんせい》 アキちゃんがおぼれてる！
たすけて
大丈夫《だいじょうぶ》か？
だ… だれかに…
ハァハァ
だれかに足《あし》を引《ひ》っ張《ぱ》られたんです!!

手《て》形《がた》…!?
近《ちか》くにだれもいなかったのに
わ〜ーっ
どうしたみんな!?
第《だい》4コースにたくさんの髪《かみ》の毛《け》が…!!

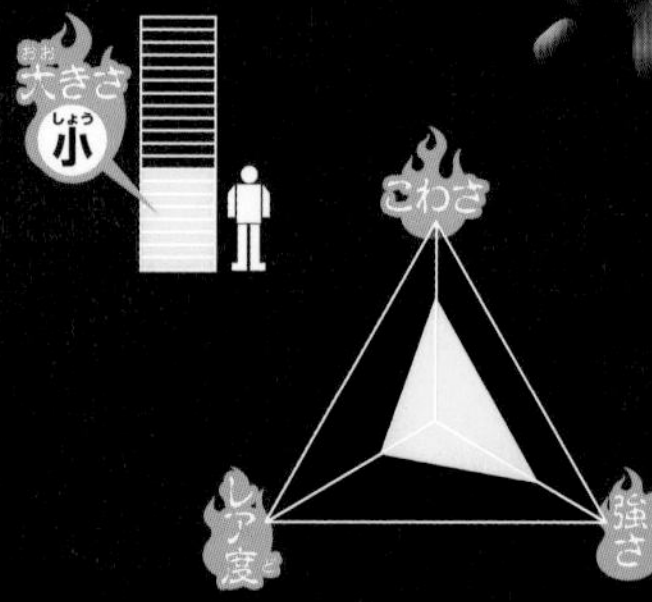

魔《ま》の第《だい》4コース

泳《およ》ぐ人《ひと》の足《あし》を引《ひ》っ張《ぱ》る幽霊《ゆうれい》

水泳《すいえい》の授業《じゅぎょう》でプールの第《だい》4コースを泳《およ》ぐと、こわい目《め》にあうかもしれない。第《だい》4コースを使《つか》った人《ひと》による「足《あし》を引《ひ》っ張《ぱ》られた」という体験談《たいけんだん》がたくさんあるのだ。ある人《ひと》は、引《ひ》っ張《ぱ》られたほうの足《あし》にくっきりと手形《てがた》が残《のこ》っていたという。その正体《しょうたい》は、第《だい》4コースで泳《およ》いでいるときに死《し》んでしまった子《こ》どもの幽霊《ゆうれい》だという。

ほかにも、第《だい》4コースで泳《およ》いでいた人《ひと》の足《あし》に髪《かみ》の毛《け》がからまっていた、白《しろ》い人影《ひとかげ》が見《み》えたなどの目撃情報《もくげきじょうほう》もある。さらには、第《だい》4コースで泳《およ》いでいた子《こ》どもが、とつぜん消《き》えたこともあるという。幽霊《ゆうれい》は仲間《なかま》がほしくて足《あし》を引《ひ》っ張《ぱ》るのかもしれない。おぼれてしまう可能性《かのうせい》があり、非常《ひじょう》に危険《きけん》なウワサである。

にげるにはどうする？

コースを変《か》えるだけでは危険《きけん》

第《だい》4コースを使《つか》わないようにすればいいと思《おも》うかもしれないが、足《あし》を引《ひ》っ張《ぱ》る幽霊《ゆうれい》はほかのコースに出現《しゅつげん》することもあるという。プールで泳《およ》ぐときは、周《まわ》りに異変《いへん》がないか特《とく》に気《き》をつけるしかないようだ。

危険度《きけんど》
78%

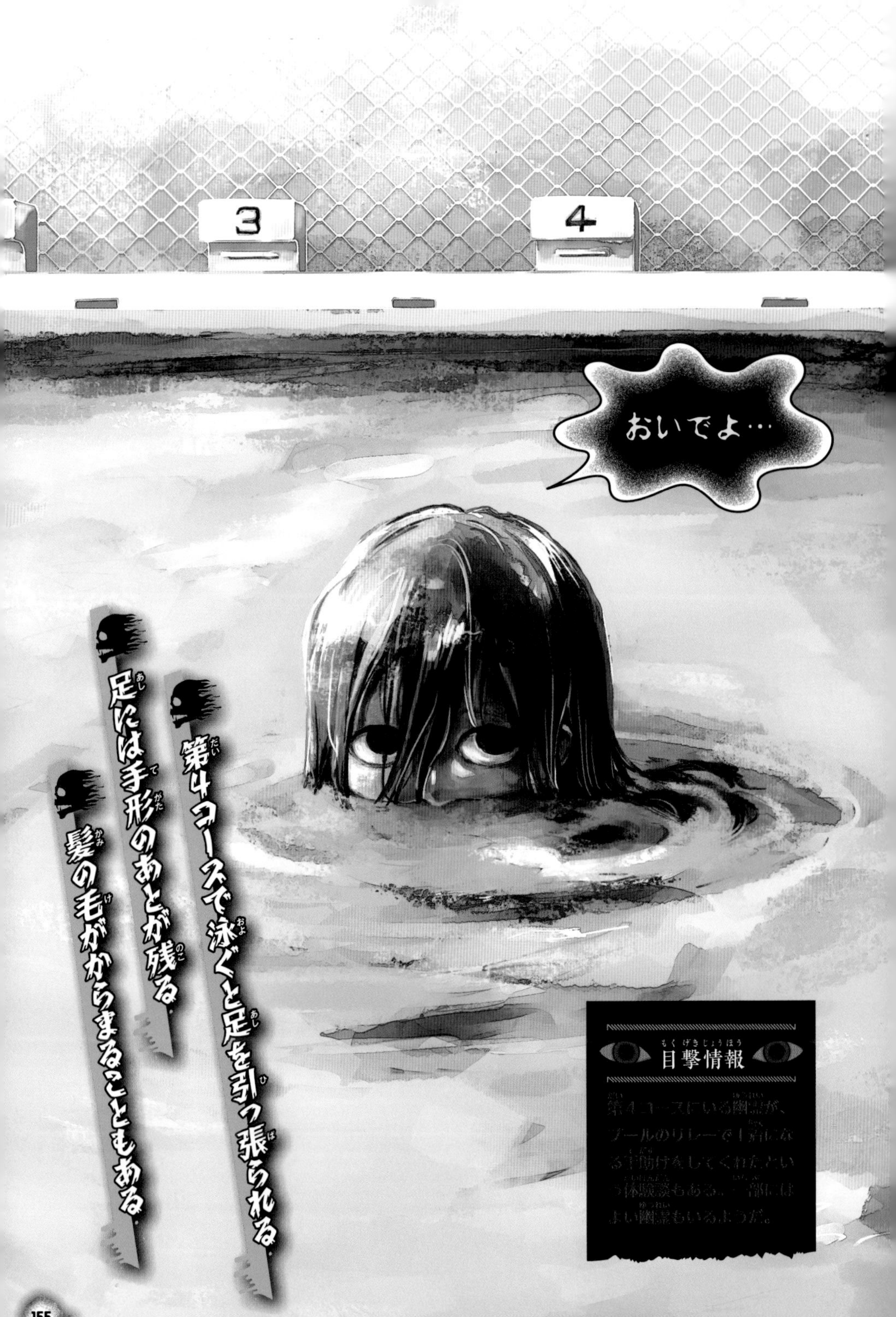

第《だい》4コースで泳《およ》ぐと足《あし》を引《ひ》っ張《ぱ》られる

足《あし》には手《て》形《がた》のあとが残《のこ》る

髪《かみ》の毛《け》がからまることもある

目撃情報《もくげきじょうほう》

第《だい》4コースにいる幽霊《ゆうれい》が、プールのリレーで1着《ちゃく》になる手助《てだす》けをしてくれたという体験談《たいけんだん》もある。一部《いちぶ》にはよい幽霊《ゆうれい》もいるようだ。

第3章

トーテムポールの怪《かい》

願《ねが》いごとをかなえてくれる魔《ま》性《しょう》の柱《はしら》

トーテムポールとは、動物《どうぶつ》や鳥《とり》などをほった木《き》の柱《はしら》のことだ。石川県《いしかわけん》の学校《がっこう》に伝《つた》わるウワサでは、学校《がっこう》の西側《にしがわ》に立《た》つ、手作《てづく》りのトーテムポールに願《ねが》いごとをするとかなえてくれるという。ただし悪《わる》いことを願《ねが》うと、それを願《ねが》った人《ひと》にも不幸《ふこう》が訪《おとず》れるとされる。

また、もしトーテムポールの目《め》や口《くち》から血《ち》が流《なが》れているところを目撃《もくげき》してしまうと、3日《か》以内《いない》に不幸《ふこう》なことが起《お》こるとも言《い》われている。まるでトーテムポールになんらかの霊《れい》が宿《やど》っているかのようだ。

トーテムポールは、外国《がいこく》ではお祈《いの》りや呪術《じゅじゅつ》に用《もち》いられることもある神聖《しんせい》な柱《はしら》だ。手作《てづく》りなので、なんらかの力《ちから》が宿《やど》りやすいのかもしれない。

目撃情報《もくげきじょうほう》

ある小学校《しょうがっこう》では、校門《こうもん》のトーテムポールが大笑《おおわら》いしたり、生徒《せいと》を怒《おこ》ったりするウワサがあり、学校《がっこう》の七不思《ななふし》議《ぎ》のひとつとなっている。

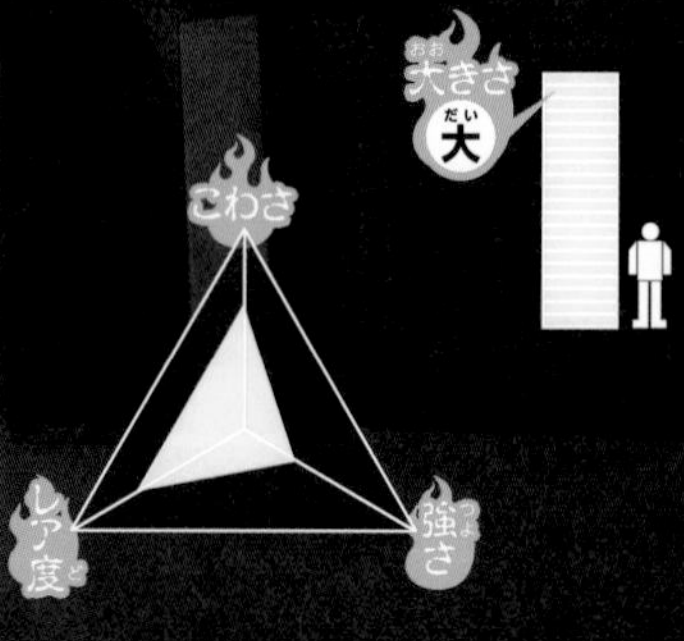

にげるにはどうする？

柱《はしら》をそうじして清《きよ》めてあげよう

トーテムポールから不気味《ぶきみ》な気配《けはい》を感《かん》じたら、柱《はしら》をふいて周《まわ》りのゴミを取《と》りのぞき、きれいにそうじをしてあげよう。トーテムポールから邪気《じゃき》が消《き》え、学校《がっこう》の守《まも》り神《がみ》のような存在《そんざい》になってくれるかもしれない。

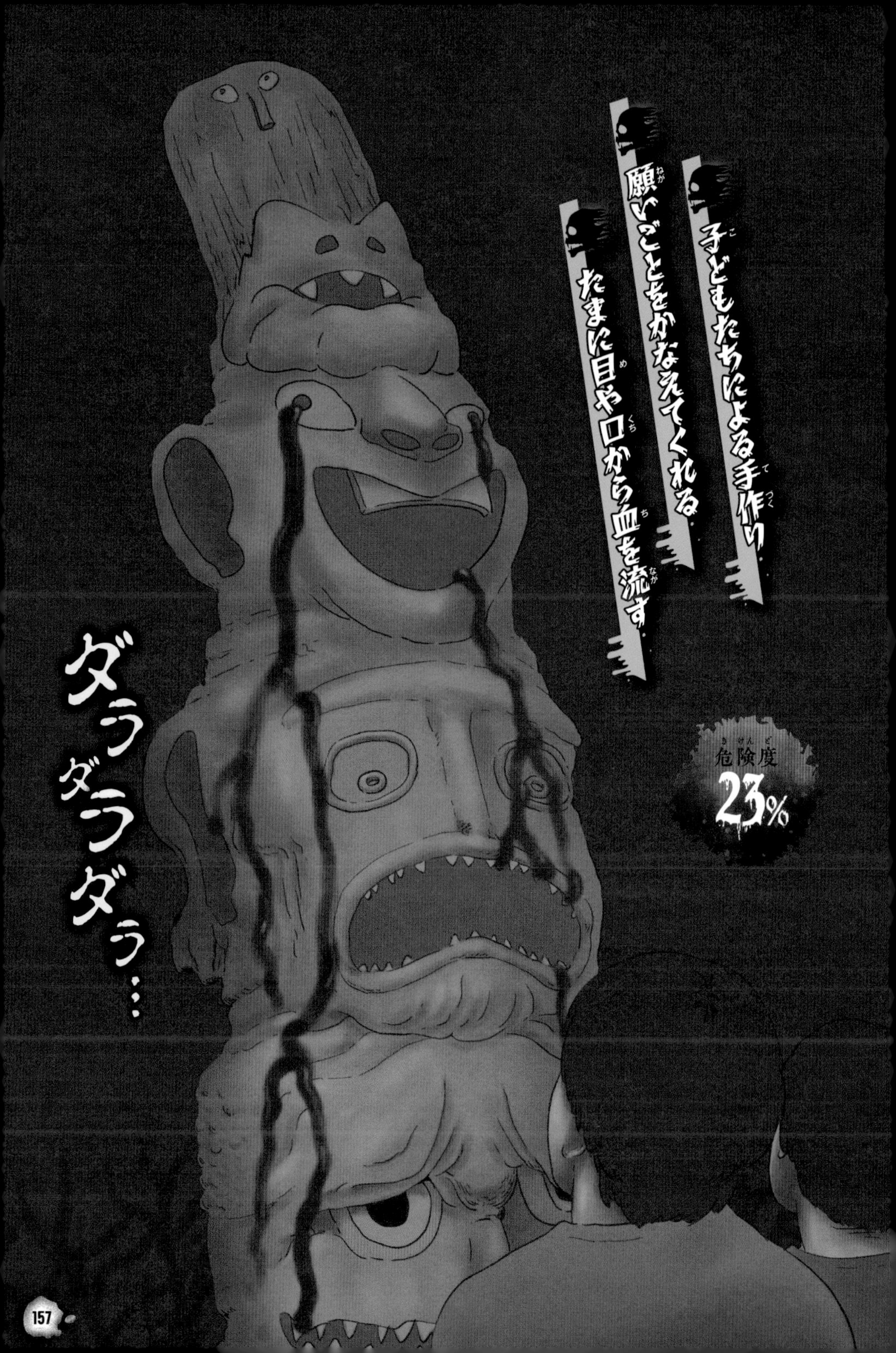
子《こ》どもたちによる手作《てづく》り
願《ねが》いごとをかなえてくれる
たまに目《め》や口《くち》から血《ち》を流《なが》す
危険度《きけんど》
23%
ダラダラダラ…

第3章

ヒヨコの化《ば》け物《もの》

危険度《きけんど》

10%

目撃情報《もくげきじょうほう》

深夜《しんや》0時《じ》の学校《がっこう》は、生《い》き物《もの》が活発《かっぱつ》に活動《かつどう》するようだ。死《し》んだ生《い》き物《もの》がよみがえりパーティする（→P148）というウワサもある。

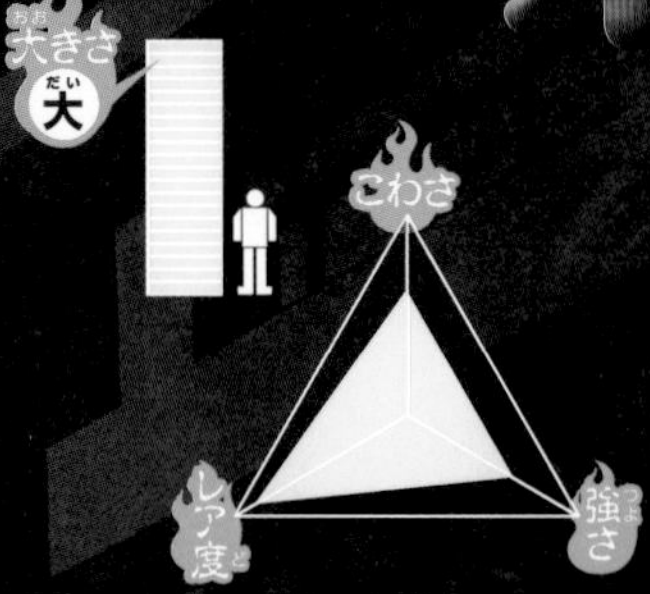

木《き》の周《まわ》りを走《はし》る 巨《きょ》大《だい》すぎるヒヨコ

人気《ひとけ》の少《すく》なくなった学校《がっこう》には、動物《どうぶつ》のおばけが出《で》てくるというウワサが多《おお》い。ところがとある小学校《しょうがっこう》には、とんでもなく大《おお》きなヒヨコの化《ば》け物《もの》が現《あらわ》れるという。

そのヒヨコの化《ば》け物《もの》は、夜中《よなか》の0時《じ》になるとどこからともなく現《あらわ》れるという。そのサイズは、校庭《こうてい》にある大《おお》きなクスノキと同《おな》じくらいだというから、そうとう巨大《きょだい》だ。このヒヨコの化《ば》け物《もの》は、校庭《こうてい》のクスノキの周《まわ》りをドタドタと走《はし》りまくる。そして夜明《よあ》けとともにどこかへ去《さ》っていき、不思議《ふしぎ》と足《あし》あとも残《のこ》らないそうだ。

この化《ば》け物《もの》の正体《しょうたい》は不明《ふめい》で、なぜ夜中《よなか》にクスノキの周《まわ》りをずっと走《はし》りつづけるのかもわかっていない。

にげるにはどうする？

ふみつぶされないようにしよう

今《いま》のところ、ヒヨコの化《ば》け物《もの》がだれかを傷《きず》つけたというウワサはない。ただこれほどサイズが大《おお》きいと、もし不用意《ふようい》に近《ちか》づいた場合《ばあい》にふまれたり、ぶつかったりするかもしれない。決《けっ》して近《ちか》づかないようにしよう。

巨大《きょだい》なヒヨコ
クスノキの周《まわ》りを走《はし》りまくる
深夜《しんや》0時《じ》に現《あらわ》れ、
夜明《よあ》けにいなくなる
ドタドタ…

朝礼台《ちょうれいだい》の白《しろ》い馬《うま》

真《ま》夜《よ》中《なか》の朝《ちょう》礼《れい》台《だい》に出《しゅつ》現《げん》する馬《うま》の姿《すがた》をした魔《ま》物《もの》

夜中《よなか》の0時《じ》になると、校庭《こうてい》の朝礼台《ちょうれいだい》でおそろしいことが起《お》きることを知《し》っているだろうか。とある小学校《しょうがっこう》のウワサによれば、夜中《よなか》の0時《じ》に朝礼台《ちょうれいだい》からなぞの白《しろ》い馬《うま》が現《あらわ》れるという。もしその姿《すがた》を見《み》たら、白《しろ》い馬《うま》におそわれ朝礼《ちょうれい》台《だい》の中《なか》に吸《す》いこまれてしまうそうだ。

別《べつ》の小学校《しょうがっこう》では、夜中《よなか》の0時《じ》に朝礼《ちょうれい》台《だい》の下《した》をのぞきこむと、死《し》んだ昔《むかし》の校《こう》長先生《ちょうせんせい》が現《あらわ》れて「何《なに》か用《よう》？」と聞《き》いてくるという。用事《ようじ》を言《い》えば消《き》えるが、

にげるにはどうする？

夜中《よなか》の朝礼台《ちょうれいだい》には近《ちか》づかない

朝礼台《ちょうれいだい》に異変《いへん》が起《お》こるのは夜中《よなか》の0時《じ》であることが多《おお》い。その時間《じかん》に朝礼台《ちょうれいだい》に近《ちか》づかなければ大丈夫《だいじょうぶ》だろう。やむを得《え》ず夜《よる》の学校《がっこう》に行《い》かなければならないときは、本書《ほんしょ》のお守《まも》り（→P218）を持《も》っていこう。

にげようとしたら朝礼台《ちょうれいだい》に引《ひ》きずりこまれるそうだ。その他《ほか》、12月《がつ》12日《にち》の深夜《しんや》0時《じ》12分《ふん》12秒《びょう》に朝礼台《ちょうれいだい》の上《うえ》にミイラが現《あらわ》れ、おどり出《だ》すという話《はなし》もある。朝礼台《ちょうれいだい》は、異次元《いじげん》とつながっているのかもしれない。

目撃情報《もくげきじょうほう》

朝礼台《ちょうれいだい》にすいこまれる、何《なに》かが現《あらわ》れて目撃《もくげき》したら引《ひ》きずりこまれるという話《はなし》は、埼玉県《さいたまけん》や兵庫県《ひょうごけん》、大阪府《おおさかふ》をはじめ全国《ぜんこく》の小学校《しょうがっこう》にある。

- 夜中《よなか》の0時《じ》に朝礼台《ちょうれいだい》に現《あらわ》れる
- 見《み》たものを引《ひ》きずりこむ
- 校長先生《こうちょうせんせい》の霊《れい》の場合《ばあい》もある

危険度《きけんど》
79%

校庭《こうてい》の椿《つばき》

幹《みき》から血《ち》のような液体《えきたい》が出《で》る

切《き》ろうとすると呪《のろ》われる

木《き》の下《した》には死体《したい》がある

死体《したい》の血《ち》を養分《ようぶん》に成長《せいちょう》する椿《つばき》の化《ば》け物《もの》

キミの小学校《しょうがっこう》の校庭《こうてい》に、真《ま》っ赤《か》な花《はな》を咲《さ》かせる椿《つばき》の木《き》はあるだろうか。椿《つばき》にまつわるおそろしいウワサがある。ある小学校《しょうがっこう》の校庭《こうてい》の真《ま》ん中《なか》には、大《おお》きな椿《つばき》の木《き》があり、毎年《まいとし》真《ま》っ赤《か》な花《はな》を咲《さ》かせるという。なぜ真《ま》ん中《なか》にあるのかというと、学校《がっこう》を建《た》てるときにこの木《き》を切《き》ろうとしたら、切《き》り口《くち》から人間《にんげん》の血《ち》のような液体《えきたい》が吹《ふ》き出《だ》し、さらに工事《こうじ》の人《ひと》がケガをするなど不吉《ふきつ》なことが続《つづ》いたため、切《き》るのをあきらめたのだという。ウワサでは、この木《き》の下《した》には死体《したい》が埋《う》まっていて、死体《したい》の血《ち》を吸《す》っているため、ひときわ赤《あか》い椿《つばき》の花《はな》が咲《さ》くのだそうだ。そのためか、この学《がっ》校《こう》の校庭《こうてい》には、白《しろ》い椿《つばき》を植《う》えても、必《かなら》ず赤《あか》い花《はな》になってしまうという。

にげるにはどうする？

木《き》にいたずらをしてはいけない

この椿《つばき》の木《き》を傷《きず》つけると、呪《のろ》いのためケガや病気《びょうき》になるという。このようなおそろしいウワサがある木《き》のそばには近《ちか》よらないようにしよう。いたずらをしたら、木《き》の呪《のろ》いが発動《はつどう》してしまうかもしれない。

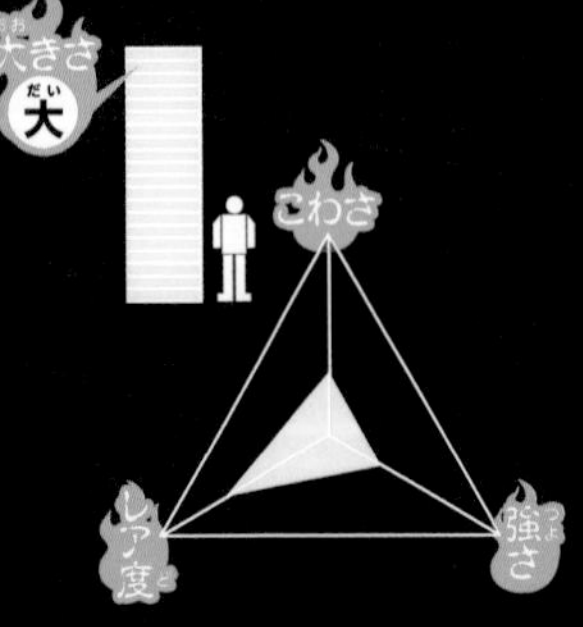

目撃情報《もくげきじょうほう》

桜《さくら》の木《き》も、根元《ねもと》に埋《う》まっている死体《したい》から血《ち》を吸《す》っているため、うすべに色《いろ》をしているという。あじさいにも似《に》たようなウワサがある。

「校舎《こうしゃ》の怪人《かいじん》・怪物《かいぶつ》」研究レポート

夜《よる》の学校《がっこう》は人間《にんげん》のものとはかぎらない。ろうか、屋上《おくじょう》、体育館《たいいくかん》、校庭《こうてい》……。学校《がっこう》の中《なか》でウワサの多《おお》いスポットを分析《ぶんせき》してみよう。

追《お》いかけてくることが多《おお》い

「テケテケとカツカツさん」(→P22)のように、怪人《かいじん》たちは子《こ》どもを追《お》いかけてくる。「ブリッジマン」という怪人《かいじん》は、ブリッジのかっこうで追《お》いかけてくるが、階段《かいだん》が苦手《にがて》で下《お》りられないという。それぞれの怪人《かいじん》には弱点《じゃくてん》があるものも多《おお》いので、知《し》っておけば、にげることはできそうだ。

出《で》やすいのは放課後《ほうかご》や夜《よる》

「動《うご》く二宮金次郎像《にのみやきんじろうぞう》」(→P58)のように、学校《がっこう》の怪人《かいじん》たちは昼間《ひるま》はおとなしいが、人気《ひとけ》のない夜《よる》になると活動《かつどう》するものが多《おお》い。「生首《なまくび》ドリブル」は、放課後《ほうかご》の校庭《こうてい》でボールの代《か》わりに自分《じぶん》の首《くび》をドリブルしている首《くび》なし幽霊《ゆうれい》だ。暗《くら》がりに見《み》える人影《ひとかげ》の正体《しょうたい》は、人《ひと》ではないかもしれない…。

危険《きけん》エリアには注意《ちゅうい》

「おどる巨人《きょじん》」(→P126)や「体育館《たいいくかん》のピエロ」(→P128)など、たいていの怪人《かいじん》は出《で》る場所《ばしょ》が決《き》まっている。つまり、目撃《もくげき》されやすい場所《ばしょ》を知《し》っていればさけることもできる。プールの底《そこ》にひそむ怪物《かいぶつ》「プールのジョー」など、もともと事故《じこ》が起《お》きやすい場所《ばしょ》は怪人《かいじん》や怪物《かいぶつ》が出《で》やすいようだ。

「校舎《こうしゃ》の怪人《かいじん》・怪物《かいぶつ》」の傾向《けいこう》チャート

凶暴《きょうぼう》
赤《あか》い服《ふく》の警備員《けいびいん》
(→P82)
動《うご》く二宮金次郎像《にのみやきんじろうぞう》
(→P58)
学校《がっこう》のプールのいちばん深《ふか》いところにいる怪《かい》物《ぶつ》。プールの底《そこ》が顔《かお》のように盛《も》り上《あ》がり、泳《およ》いでいる人《ひと》を引《ひ》きずりこむ。
プールのジョー
ゾンビ看護師《かんごし》
(→P44)
よだそう
(→P98)
ペタペタ
(→P36)
夜《よる》
体育館《たいいくかん》のピエロ
(→P128)
朝《あさ》
ゲレゲレ
(→P102)
赤《あか》ちゃんジジイ
(→P130)
ブリッジマン
ブリッジをしながら追《お》いかけてくる怪人《かいじん》。階《かい》段《だん》を下《お》りるのが苦手《にがて》。「助《たす》けてボッチャマン」と3回言《かいい》うと助《たす》かる。
天井《てんじょう》をつきやぶる少女《しょうじょ》
(→P30)
生首《なまくび》ドリブル
校庭《こうてい》でサッカーの練習《れんしゅう》をしている首《くび》なしの怪人《かいじん》。サッカーボールではなく、自《じ》分《ぶん》の頭《あたま》をボールの代《か》わりにけっている。
おどる巨人《きょじん》
(→P126)
ヒヨコの化《ば》け物《もの》
(→P158)
アワ人間《にんげん》
(→P46)
おとなしい

絶対《ぜったい》に怪異《かいい》に会《あ》いたくないキミへ！

悪《あく》霊《りょう》退《たい》散《さん》アクション

ー予防編《よぼうへん》ー

怪人《かいじん》や怪物《かいぶつ》に会《あ》わなくてすむ、簡単《かんたん》な予防策《よぼうさく》を紹介《しょうかい》する。日《ひ》ごろから取《と》り組《く》んでみよう。

背中《せなか》をたたき合《あ》う！

こわい話《はなし》を聞《き》いたり、話《はな》したりしたあとは、話《はなし》をした人同士《ひとどうし》で、背《せ》中《なか》を軽《かる》くたたき合《あ》おう。このアクションをするだけで悪《わる》い気《き》がはらわれ、魔物《まもの》が近《ちか》づくのをさけられるという。

音《おと》を鳴《な》らす！

魔物《まもの》はシンとした静《しず》かな場所《ばしょ》を好《この》んでしのび寄《よ》る。そこで手《て》をたたく、ガンガンと大《おお》きな音《おと》を出《だ》す、明《あか》るい音楽《おんがく》をかけるなど、音《おと》を鳴《な》らすことで魔物《まもの》の気配《けはい》を遠《とお》ざけることができるだろう。

盛《も》り塩《じお》をする！

古《ふる》くから聖《せい》なる力《ちから》をもつといわれる塩《しお》の力《ちから》をかりた予防策《よぼうさく》だ。出入《でい》り口《ぐち》や部屋《へや》のすみに小《こ》皿《ざら》を置《お》き、塩《しお》を盛《も》るだけでその空間《くうかん》が清《きよ》められ、悪《わる》い気配《けはい》をきれいに整《ととの》えてくれる。

水《みず》を流《なが》す！

トイレなどでこわくなったら、手洗《てあら》い場《ば》で勢《いきお》いよく水《みず》を流《なが》して、深呼吸《しんこきゅう》を１回《かい》しよう。雨《あめ》が大気《たいき》のよごれを洗《あら》い流《なが》すように、水《みず》が聖《せい》なるパワーで悪《わる》い空気《くうき》を流《なが》してくれるだろう。

やってはいけない！
バッドアクション

トイレの便器《べんき》に つばをはいてはいけない……

トイレの便器《べんき》につばをはくのは、トイレの神《かみ》さまにとって無礼《ぶれい》な行動《こうどう》と言《い》われている。神《かみ》さまがおこって去《さ》ってしまい、代《か》わりに魔物《まもの》が住《す》みついてしまうかもしれない。

左右《さゆう》ちがうくつ下《した》をはいて 出《で》かけてはいけない……

左右《さゆう》ちがう種類《しゅるい》のくつ下《した》をはくと、曲《ま》がり角《かど》で魔物《まもの》が待《ま》ちぶせしているというウワサがある。また、裏返《うらがえ》しにはいて外《そと》に出《で》ると悪霊《あくりょう》に取《と》りつかれやすくなるから要注意《ようちゅうい》だ。

お地蔵《じぞう》さまの前《まえ》を通《とお》るときは うるさくしてはいけない……

お地蔵《じぞう》さまの前《まえ》を歩《ある》くときは、静《しず》かにしたほうがいい。お地蔵《じぞう》さまがおこってたたりを起《お》こすかもしれないからだ。お地蔵《じぞう》さまがこわい表情《ひょうじょう》になっていないか確《たし》かめよう。

第《だい》4章《しょう》

通《つう》学《がく》路《ろ》の異《い》変《へん》

通《かよ》いなれた道《みち》が暗《くら》闇《やみ》にそまると
怪《かい》異《い》たちが動《うご》き出《だ》す合《あい》図《ず》。

彼《かれ》らはひたひたと
キミを追《お》いかけはじめる。
早《はや》く、家《いえ》に帰《かえ》らなければ
追《お》いつかれてしまう。

ふと、後《うし》ろをふりかえると
もうにげられないことに
気《き》づくだろう……。

△認《にん》定《てい》!

夕暮《ゆうぐ》れにひそむ赤《あか》いマントの男《おとこ》

ぎぃぁあああ
ザワ
ザワ
何《なに》？
通《とお》り魔《ま》？
KEEP OUT
OUT
血《ち》がすごかったって
ガヤ
ガヤ
女《おんな》の子《こ》が刃物《はもの》でさされたらしいよ
POLICE
あ…
あいつだ！

あいつがやったんだ！
あいつ？
キミは何《なに》か知《し》ってるのかい？
見《み》たんだ…さっき路地《ろじ》の陰《かげ》にあいつを…
バサ
赤《あか》いマント!!
怪《かい》人《じん》赤《あか》マントだ!!

赤《あか》マント?
大人《おとな》をからかっているのか?
ウソじゃないよ!
あいつがやったに決《き》まってる
子《こ》どもをねらった怪人《かいじん》なんだ!
ばっ
まったくこれだから子《こ》どもは…
テレビの見《み》すぎね
そんな…
どうしてぼくの話《はなし》を聞《き》いてくれないんだ
だっ
ぼくは本当《ほんとう》に見《み》たんだ!

カッ
カッ
バサッ
?
スッ
うあああ
ああああ

怪人《かいじん》赤《あか》マント

危険度《きけんど》
91%

子《こ》どもばかりをねらう殺《さつ》人《じん》鬼《き》

子《こ》どもをさらい、殺《ころ》してしまうというおそろしい怪人《かいじん》が赤《あか》マントだ。1937年《ねん》ごろから目撃情報《もくげきじょうほう》があり、警察《けいさつ》も調《しら》べていたがつかまえることは今《いま》もできていない。この赤《あか》いマントをはおった殺人鬼《さつじんき》の正体《しょうたい》については、実《じつ》在《ざい》の殺人事件《さつじんじけん》の犯人《はんにん》が元《もと》になったとする説《せつ》や、血《ち》を好《この》む吸血鬼《きゅうけつき》だとする説《せつ》などがあるが真実《しんじつ》は不明《ふめい》のままだ。

ある学校《がっこう》では、トイレに赤《あか》マントが出現《しゅつげん》するというウワサもある。トイレに入《はい》ると「赤《あか》いマントがほしいか？」と声《こえ》がする。「ほしい」と答《こた》えるとナイフで刺《さ》されたり、するどいツメで引《ひ》きさかれて、背中《せなか》が血《ち》まみれになって赤《あか》いマントをはおっているような姿《すがた》になるという。

赤《あか》いマントをはおっている

子《こ》どもをさらって殺《ころ》す

正体《しょうたい》は不明《ふめい》

目撃情報《もくげきじょうほう》

赤《あか》マントの目撃情報《もくげきじょうほう》は非常《ひじょう》に多《おお》い。ある学校《がっこう》では老婆《ろうば》の声《こえ》だったという証言《しょうげん》があり、赤《あか》マントの正体《しょうたい》が男《おとこ》か女《おんな》かもわからないのだ。

にげるにはどうする？

「ほしくない」と答《こた》えよう

トイレに出現《しゅつげん》する赤《あか》マントに「赤《あか》マントがほしいか？」と聞《き》かれても「ほしくない」と答《こた》えよう。あきらめて去《さ》ってくれるかもしれない。街中《まちなか》で出会《であ》ってしまったらかなり危《あぶ》ない。人通《ひとどお》りの多《おお》い道《みち》ににげるしかないだろう。

八尺《はっしゃく》さま

見《み》てはいけない 呪《のろ》われた巨大《きょだい》な怪人《かいじん》

子《こ》どもたちをねらう、異様《いよう》に背《せ》の高《たか》い女《おんな》の姿《すがた》の怪人《かいじん》、それが八尺《はっしゃく》さまだ。2008年《ねん》ごろからインターネットでウワサされるようになった。

八尺《はっしゃく》さまの「尺《しゃく》」とは昔《むかし》の長《なが》さを現《あらわ》す単位《たんい》で、8尺《しゃく》とは約《やく》240センチもの高《たか》さとなる。八尺《はっしゃく》さまは頭《あたま》に帽子《ぼうし》をかぶり、白《しろ》いワンピースを着《き》ているとも言《い》われている。見《み》た目《め》は若《わか》い女性《じょせい》だったり、老婆《ろうば》だったりと情報《じょうほう》によってバラバラだが、歩《ある》くときに「ぽぽぽぽ」「ぼぼぼぼ」といったきみょうな笑《わら》い声《ごえ》を上《あ》げ、だれかの声色《こわいろ》を自由《じゆう》に真似《まね》ることができるそうだ。声色《こわいろ》を変《か》え、気《き》に入《い》った人間《にんげん》をだまして部屋《へや》からおびき出《だ》し、数日以内《すうじついない》に取《と》り殺《ころ》してしまうと言《い》われている。

- 身長《しんちょう》は2メートル以上《いじょう》
- 帽子《ぼうし》をかぶり白《しろ》いワンピースを着《き》ている
- 気《き》に入《い》った人間《にんげん》を取《と》り殺《ころ》す

危険度《きけんど》 92%

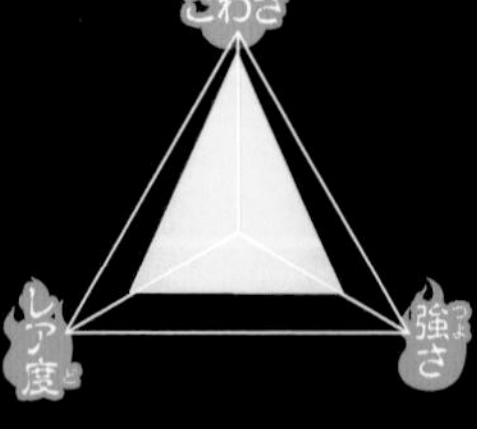

にげるにはどうする？

お札《ふだ》と塩《しお》で結界《けっかい》を作《つく》ろう

もし八尺《はっしゃく》さまに目《め》をつけられたら、部屋《へや》に閉《と》じこもり、部屋《へや》の窓《まど》をすべて閉《と》じよう。そして部屋《へや》の4つの角《かど》にお札《ふだ》と塩《しお》を置《お》き、お守《まも》りを手《て》に持《も》ってとじこもろう。そうすれば八尺《はっしゃく》さまに取《と》り殺《ころ》されずにすむそうだ。

目撃情報《もくげきじょうほう》

福島県《ふくしまけん》では八尺《はっしゃく》さまに似《に》たアクロバティックサラサラという怪人《かいじん》がいる。2メートル以上《いじょう》もあり、赤《あか》い帽子《ぼうし》と服《ふく》を身《み》につけているという。

メケメケ

自転車《じてんしゃ》をこぐ人《ひと》のジャマをする化《ば》け物《もの》

自転車《じてんしゃ》に乗《の》っているときに出会《であ》うかもしれない化《ば》け物《もの》がメケメケだ。自転《じてん》車《しゃ》をこいでいる人《ひと》にしか見《み》ることができないが、運転《うんてん》していると後《うし》ろの荷台《にだい》に乗《の》ってくるという。見《み》た目《め》は不明《ふめい》だが「めけめけ～」という鳴《な》き声《ごえ》をあげることはわかっている。

メケメケに乗《の》られてしまうとペダルが重《おも》くなってこぎにくくなるだけでなく、ブレーキがきかなくなる。さらには「めけめけ～」と鳴《な》きながら運《うん》転《てん》している人《ひと》の目《め》をかくしてくるのだ。運《うん》が悪《わる》ければ事故《じこ》を起《お》こしてしまうかもしれない。キミも自転車《じてんしゃ》に乗《の》るときは、メケメケに出会《であ》わないようにくれぐれも気《き》をつけたほうがいい。

目撃情報《もくげきじょうほう》

自転車《じてんしゃ》に関《かん》する怪談《かいだん》は他《ほか》にもある。北海道《ほっかいどう》では、2階《かい》建《だ》ての家《いえ》よりも大《おお》きな巨人《きょじん》が自転車《じてんしゃ》に乗《の》って現《あらわ》れるというものもある。

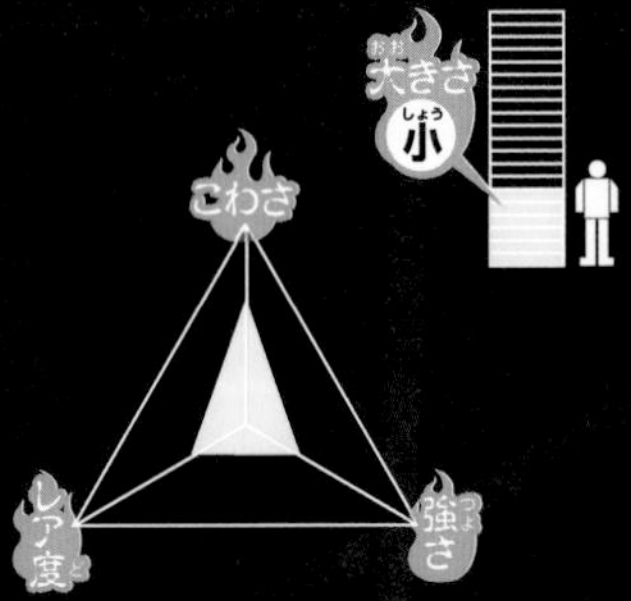

危険度《きけんど》
67%

にげるにはどうする？

お経《きょう》が苦手《にがて》！

自転車《じてんしゃ》に乗《の》る人《ひと》にはとてもめいわくなメケメケだが、実《じつ》はお坊《ぼう》さんが唱《とな》えるお経《きょう》が弱点《じゃくてん》だという。もし自転車《じてんしゃ》にメケメケが乗《の》ってきたら、近所《きんじょ》にあるお寺《てら》に向《む》かおう。きっとにげていくはずだ。

自転車《じてんしゃ》の荷台《にだい》に乗《の》ってくる

目《め》かくしをしてくる

「めけめけめけ〜」と鳴《な》く

足売《あしう》りババア

足《あし》をねらう おそろしい老婆《ろうば》

危険度《きけんど》
98%

　足売《あしう》りババアは、大《おお》きなふろしきを背負《せお》った老婆《ろうば》の姿《すがた》の怪人《かいじん》だ。あるとき、学校帰《がっこうがえ》りの少年《しょうねん》におばあさんが「ぼうや、足《あし》はいらんかね？」と何度《なんど》もしつこく聞《き》いてきた。おばあさんは背中《せなか》に大《おお》きなふろしきを背負《せお》っており、少年《しょうねん》はふろしきの中《なか》に人間《にんげん》の足《あし》が入《はい》っているのではないかと思《おも》ったそうだ。

　少年《しょうねん》が「足《あし》はいらない！」と答《こた》えると、おばあさんとは思《おも》えない強《つよ》い力《ちから》で少年《しょうねん》の足《あし》をつかみ、そのまま足《あし》をちぎり取《と》り、ふろしきに包《つつ》んで持《も》っていってしまったそうだ。ちなみにもし「いる」と答《こた》えた場合《ばあい》は、おばあさんが無理《むり》やり足《あし》をくっつけてきて、足《あし》が3本《ぼん》になってしまうという。

目撃情報《もくげきじょうほう》

乳母車《うばぐるま》にたくさんの足《あし》を乗《の》せている足売《あしう》りババアもいる。「足《あし》はいるか？」と聞《き》かれて「いる」と答《こた》えると、足《あし》を1本《ほん》くれるそうだ。

足《あし》がほしいか聞《き》いてくる

いらないというと足《あし》をもぎとられる

大《おお》きなふろしきを背負《せお》っている

にげるにはどうする？

友《とも》だちを紹介《しょうかい》すれば助《たす》かるが…

足売《あしう》りババアに返事《へんじ》をするときは「わたしはいりません。●●さんのところへ行《い》ってください」と答《こた》えると助《たす》かる。その代《か》わり、足売《あしう》りババアは友《とも》だちのほうへ行《い》ってしまうので、友《とも》だちが危険《きけん》な目《め》にあうかもしれない……。

音《おん》楽《がく》室《しつ》でピアノをひくものは…
はぁ終《お》わったぁ
同《おな》じく終《お》わったよ…
居残《いのこ》りやだね～
いっしょに帰《かえ》ろう
おお！
カーン
コーン
ん？
ピアノの音《おと》？
こんな時間《じかん》にだれが…
音楽室
音《おん》楽《がく》室《しつ》からだ
ごくっ…
ポロン♪
えっ暗《くら》い…
ガラッ

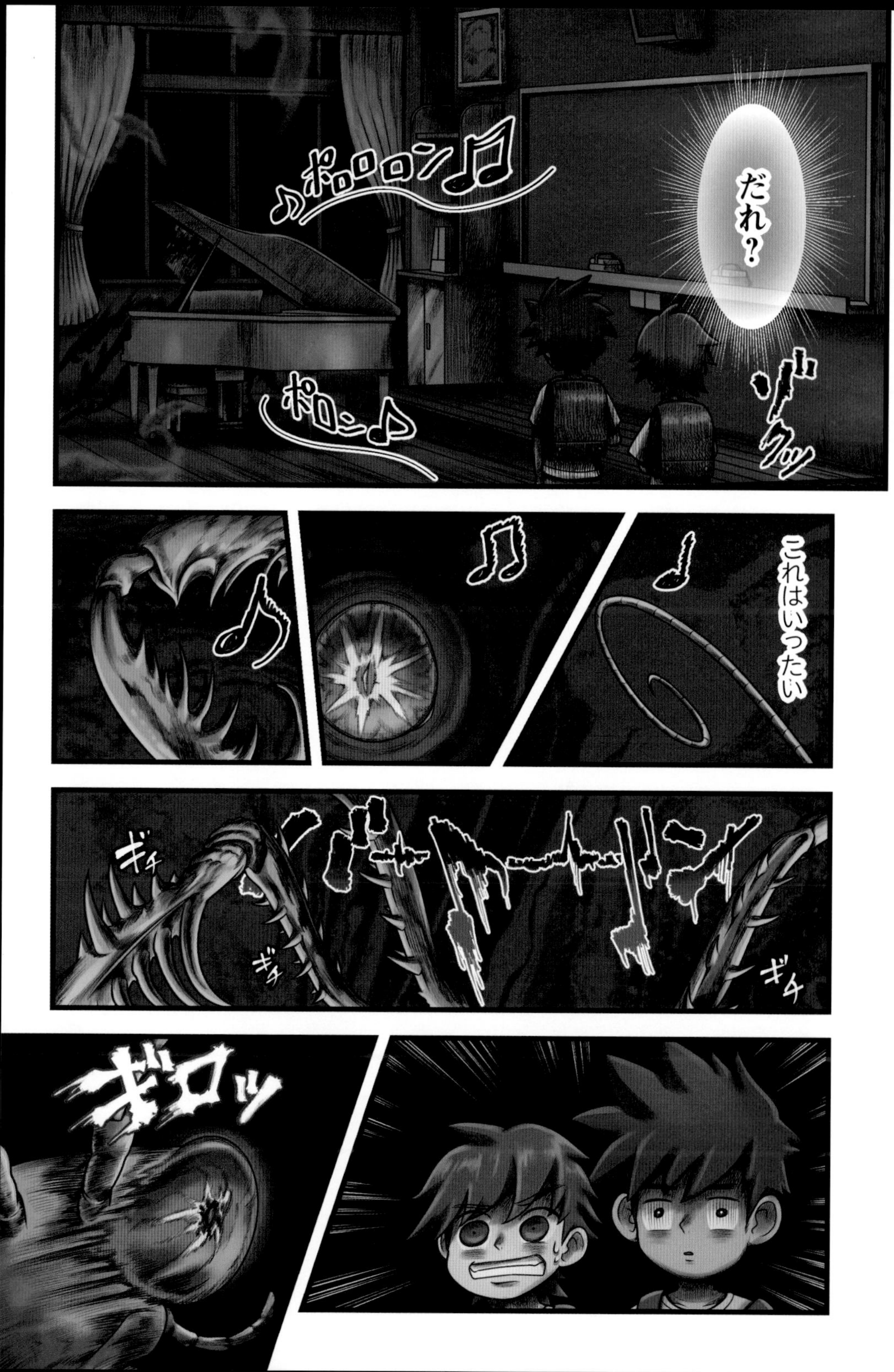
だれ？
ゾクッ
♪ポロロロン♫
ポロン♪
これはいったい
ギチ
ギチ
ギチ
ギロッ

第4章

カマキリ男爵《だんしゃく》

夜《よる》にピアノをひく高貴《こうき》なカマキリ

巨大《きょだい》なカマキリの怪物《かいぶつ》が音楽室《おんがくしつ》で目撃《もくげき》されている。その名《な》もカマキリ男爵《だんしゃく》。カマキリ男爵《だんしゃく》は日《ひ》が暮《く》れた学《がっ》校《こう》の音楽室《おんがくしつ》でピアノをひいているという。カマキリ男爵《だんしゃく》の目的《もくてき》や、なぜ男爵《だんしゃく》と呼《よ》ばれているかはなぞだ。男爵《だんしゃく》とは貴族《きぞく》のことであり、おそらくカマキリにもかかわらず貴族《きぞく》のような見《み》た目《め》やふるまいをしていると考《かんが》えられる。見《み》た目《め》は奇妙《きみょう》でおそろしいが、人間《にんげん》をおそったりはしないようだ。

危険度《きけんど》

32%

目撃情報《もくげきじょうほう》

「カマキリさん」という怪《かい》談《だん》もある。カマキリさんはトイレに出現《しゅつげん》し、子《こ》どもを異次元《いじげん》に連《つ》れ去《さ》ってカマキリにしてしまうという。

夜《よる》になるとだれもいない音楽《おんがく》室《しつ》からピアノの音《おと》がするという怪談《かいだん》は全国《ぜんこく》に伝《つた》わっている。多《おお》くは死《し》んでしまったピアノ好《ず》きの幽霊《ゆうれい》がひいているということが多《おお》く、カマキリがひいている怪談《かいだん》は非常《ひじょう》にめずらしいといえるだろう。

音楽室《おんがくしつ》でピアノをひいている
見《み》た目《め》はカマキリ
貴族《きぞく》のような姿《すがた》をしている?

にげるにはどうする?

音色《ねいろ》に耳《みみ》をかたむけよう

カマキリ男爵《だんしゃく》はピアノをひく以外《いがい》の行動《こうどう》が目撃《もくげき》されていないので、おそわれることはなさそうだ。もし見《み》つけたら、せっかくなのでカマキリ男爵《だんしゃく》がかなでるメロディに耳《みみ》をかたむけてみてもいいかもしれない。

第4章

注射男《ちゅうしゃおとこ》

今《いま》、何時《なん じ》？

目撃情報《もくげきじょうほう》

注射器《ちゅうしゃき》を使《つか》う怪人《かいじん》は他《ほか》にもいる。ある小学校《しょうがっこう》の体育館《たいいくかん》に3人《にん》の女性看護師《じょせいかんごし》の幽霊《ゆうれい》が現《あらわ》れ、彼女《かのじょ》たちに注射《ちゅうしゃ》されると死《し》んでしまうそうだ。

毒《どく》入《い》り注《ちゅう》射《しゃ》をさしてくるおそろしい包《ほう》帯《たい》男《おとこ》

下校中《げこうちゅう》、キミたちをねらうおそろしい怪人《かいじん》はたくさんいる。たとえば「注《ちゅう》射男《しゃおとこ》」もそのなかのひとりだ。

注射男《ちゅうしゃおとこ》とは、その名《な》のとおり注射器《ちゅうしゃき》を手《て》に持《も》ち、顔《かお》や手足《てあし》など全身《ぜんしん》に包帯《ほうたい》をまいた怪人《かいじん》だ。注射男《ちゅうしゃおとこ》は夕方《ゆうがた》になると現《あらわ》れ、電柱《でんちゅう》の陰《かげ》にかくれて下校《げこう》してくる子《こ》どもたちを待《ま》っている。子《こ》どもを呼《よ》び止《と》め、「今《いま》、何時《なんじ》？」と聞《き》き、子《こ》どもが答《こた》えようとしたらうでをつかまえ、そのうでにすばやく毒《どく》の薬《くすり》を注《ちゅう》射《しゃ》して、去《さ》っていくそうだ。

注射男《ちゅうしゃおとこ》がいつから登場《とうじょう》したのかは不《ふ》明《めい》だが、その正体《しょうたい》は、昔《むかし》、家族《かぞく》によって座敷牢《ざしきろう》（悪人《あくにん》を入《い》れておくためのろうやのような部屋《へや》）に閉《と》じこめられた男《おとこ》の怨霊《おんりょう》というウワサがある。

にげるにはどうする？

注射男《ちゅうしゃおとこ》に絶対《ぜったい》つかまらないように

注射男《ちゅうしゃおとこ》に毒入《どくい》り注射《ちゅうしゃ》をされたら、命《いのち》はない。注射男《ちゅうしゃおとこ》につかまらないよう、もし時間《じかん》を聞《き》かれても「知《し》りません」と答《こた》えて全速力《ぜんそくりょく》でにげよう。全身包帯《ぜんしんほうたい》をまいた男《おとこ》が電信《でんしん》柱《ばしら》の陰《かげ》にいたら、そばを通《とお》らないようにしよう。

全《ぜん》身《しん》包《ほう》帯《たい》をまいている
注《ちゅう》射《しゃ》器《き》をかくし持《も》っている
「今《いま》、何《なん》時《じ》？」と聞《き》いてくる
危険度《きけんど》
95%

第4章 ジャンケンおじさん

ジャンケンに負《ま》けると子《こ》どもを連《つ》れ去《さ》る怪《かい》人《じん》

春《はる》になり、桜《さくら》が満開《まんかい》の季節《きせつ》になると出現《しゅつげん》するという怪人《かいじん》がいる。ジャンケンおじさんという名前《なまえ》で、学校《がっこう》の校門《こうもん》のすぐそばの桜並木《さくらなみき》の下《した》に現《あらわ》れるという。桜《さくら》の下《した》に立《た》っていると、赤《あか》いはちまきをしたジャンケンおじさんがやってきて、「よう、ジャンケンしようぜ」と声《こえ》をかけてくる。

ジャンケンで勝《か》つことができれば、おじさんが大《おお》きなキャンディをくれる。問題《もんだい》は負《ま》けたときだ。もしジャンケンで負《ま》けてしまうと、どこかに連《つ》れていかれてしまう。ジャンケンおじさんがなんのためにジャンケンにさそってくるのか、そして連《つ》れ去《さ》られた子《こ》どもたちがどうなってしまうのかはわかっていない……。

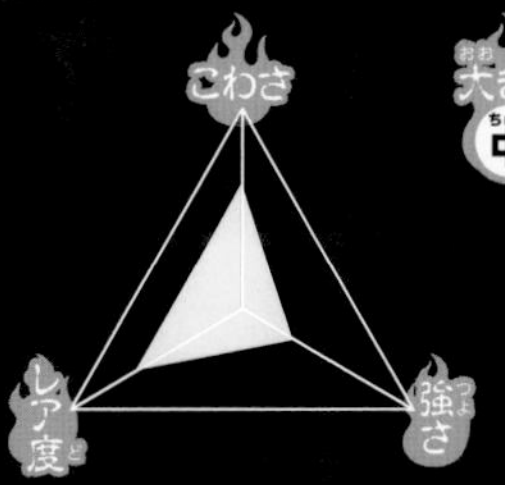

危険度《きけんど》
78%

- 桜《さくら》が満《まん》開《かい》になると現《あらわ》れる
- ジャンケンにさそってくる
- 負《ま》けるとどこかに連《つ》れ去《さ》られる

にげるにはどうする？

1回《かい》目《め》はパーで勝《か》てる！

実《じつ》はジャンケンおじさんは最初《さいしょ》は必《かなら》ずグーしか出《だ》さないという。つまりパーを出《だ》せば勝《か》てるのだ。ただし、2回《かい》目《め》からは何《なに》を出《だ》すかわからない。もう一度《いちど》「ジャンケンしよう」と言《い》われても、断《ことわ》ったほうがいいだろう。

目撃情報《もくげきじょうほう》

「傘《かさ》ババア」という校門《こうもん》で目撃《もくげき》される怪人《かいじん》もいる。急《きゅう》な雨《あめ》の日《ひ》に現《あらわ》れる老婆《ろうば》で、傘《かさ》を借《か》りると家《いえ》に連《つ》れていかれて殺《ころ》されてしまう。

第4章

不幸《ふこう》の手紙《てがみ》

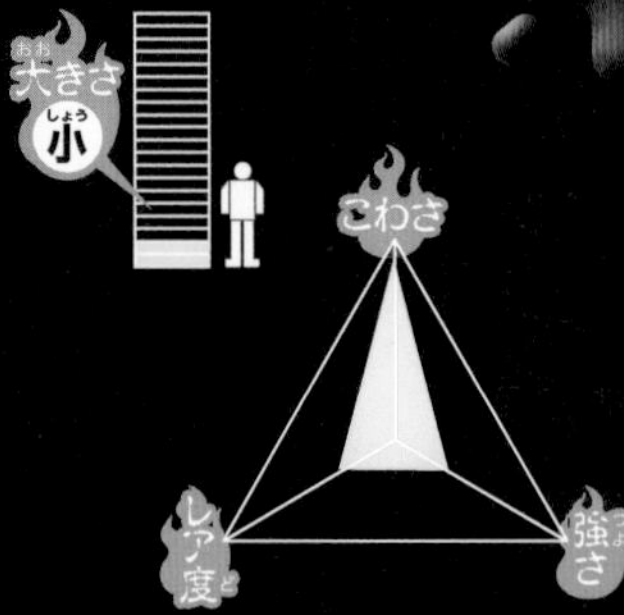

目撃情報《もくげきじょうほう》

「不幸《ふこう》」という漢字《かんじ》を手書《てが》きで書《か》いたときに「棒《ぼう》」という字《じ》に見《み》えてしまったことから、「棒《ぼう》の手紙《てがみ》」という似《に》た都市伝説《としでんせつ》も生《う》まれた。

終《お》わらない不幸《ふこう》のつながり

不幸《ふこう》の手紙《てがみ》とは、受《う》け取《と》った人《ひと》が同《おな》じ内容《ないよう》の手紙《てがみ》を決《き》められた期間内《きかんない》に決《き》められた人数《にんずう》に送《おく》らないと、不幸《ふこう》なことが起《お》きると書《か》かれた手紙《てがみ》のことだ。受《う》け取《と》った人《ひと》がふたり以上《いじょう》の人《ひと》に送《おく》る必要《ひつよう》があるため、不幸《ふこう》になってしまう人《ひと》がどんどん増《ふ》えていくことになる。つまり、終《お》わることのない呪《のろ》いが生《う》まれてしまうのだ。

1970年代《ねんだい》から流行《りゅうこう》しはじめ、全国各地《ぜんこくかくち》でウワサになったという。手紙《てがみ》を書《か》く人《ひと》の数《かず》は年々《ねんねん》減《へ》っているが、SNS《エスエヌエス》やメールのメッセージなどに形《かたち》を変《か》え、「これを見《み》た人《ひと》は別《べつ》の人《ひと》に送《おく》らないと不幸《ふこう》になる」という内容《ないよう》の不幸《ふこう》の手紙《てがみ》は、今《いま》も存在《そんざい》しつづけているという。

にげるにはどうする？

手紙《てがみ》を止《と》めるしかない

もしキミがだれかに不幸《ふこう》の手紙《てがみ》を送《おく》ったら、送《おく》られた相手《あいて》が不幸《ふこう》な目《め》にあうかもしれない。勇気《ゆうき》を出《だ》して不幸《ふこう》の手紙《てがみ》を書《か》くのを止《と》めよう。どうしてもこわいときは大人《おとな》に相談《そうだん》しよう。

危険度《きけんど》
50%

不幸《ふこう》になると書《か》かれた手紙《てがみ》
別《べつ》の人《ひと》に送《おく》らないと不幸《ふこう》なことが起《お》きる
だれかが止《と》めない限《かぎ》り終《お》わらない
ガリガリ
ガリガリ…

雨《あめ》の日《ひ》に現《あらわ》れる
おそろしい女《おんな》
ザアァ
パシャ
引《ひ》きずってやろうか？
え？
はい？

数日後《すうじつご》
おーい そっち 行《い》ったぞ
任《まか》せろっ
プアアアア
雨《あめ》の日《ひ》ってさぁ…
出《で》るんだって
何《なに》が？
引《ひ》きずり女《おんな》
ズ…
ズ…

引《ひ》きずり女《おんな》

雨《あめ》の日《ひ》に事故《じこ》を呼《よ》ぶ幽霊《ゆうれい》

危険度《きけんど》 88%

雨《あめ》の日《ひ》になると通学路《つうがくろ》に現《あらわ》れると言《い》われているのが引《ひ》きずり女《おんな》だ。引《ひ》きずり女《おんな》は交通事故《こうつうじこ》にあった人《ひと》のような姿《すがた》で学校帰《がっこうがえ》りの子《こ》どもたちの前《まえ》に現《あらわ》れる。女《おんな》は「引《ひ》きずってやろうか」と声《こえ》をかけてくるが、もし「はい」と答《こた》えた人《ひと》は1週間《しゅうかん》以内《いない》に車《くるま》にひかれて死《し》んでしまうと言《い》われている。

引《ひ》きずり女《おんな》の正体《しょうたい》は雨《あめ》の日《ひ》にトラックに巻《ま》きこまれ、数十《すうじゅう》メートルも引《ひ》きずられてしまうという事故《じこ》で亡《な》くなった少女《しょうじょ》だという。引《ひ》きずり女《おんな》が事故《じこ》にあったのは彼女《かのじょ》をいじめていたクラスメイトのせいだと言《い》われており、そのクラスメイトたちものちに交通事故《こうつうじこ》で亡《な》くなったそうだ。交通事故《こうつうじこ》を起《お》こした車《くるま》のドライバーには傷《きず》だらけの少女《しょうじょ》の姿《すがた》が見《み》えていたという。

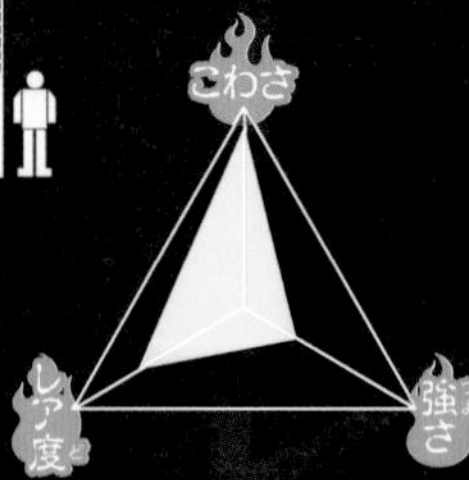

目撃情報《もくげきじょうほう》

雨《あめ》の日《ひ》に子《こ》どもを引《ひ》きずる「ひきこさん」という怪人《かいじん》の都市伝説《としでんせつ》もある。ひきこさんが「引《ひ》きずり女《おんな》」と呼《よ》ばれることもあるそうだ。

にげるにはどうする？

「はい」と答《こた》えてはいけない

引《ひ》きずり女《おんな》が「引《ひ》きずってやろうか」と聞《き》いてきても無視《むし》しよう。そうすれば何《なに》もせずに遠《とお》くに行《い》ってくれるかもしれない。雨《あめ》の日《ひ》に声《こえ》をかけてくる人《ひと》が、生《い》きている人間《にんげん》とはかぎらない。気軽《きがる》に「はい」と答《こた》えないようにしよう。

雨《あめ》の日《ひ》の通《つう》学《がく》路《ろ》に現《あらわ》れる
見《み》た目《め》は傷《きず》だらけ
「はい」と返事《へんじ》をすると
交通事故《こうつうじこ》にあう
引《ひ》きずってやろうか

人食《ひとく》いランドセル

もしだれかに新品《しんぴん》のランドセルをもらったら、十分《じゅうぶん》に気《き》をつけて確認《かくにん》したほうがいい。実《じつ》はランドセルの形《かたち》に似《に》た、おそろしい化《ば》け物《もの》かもしれない。

ランドセルにそっくりな怪物《かいぶつ》は「人《ひと》食《く》いランドセル」と呼《よ》ばれている。名《な》前《まえ》のとおり、人間《にんげん》の子《こ》どもが好物《こうぶつ》で、むしゃむしゃと食《た》べてしまうのだ。

ウワサによると、神奈川県《かながわけん》のある女《おんな》の子《こ》が、下校《げこう》とちゅうにトンネルを通《とお》ったとき、知《し》らない男《おとこ》の人《ひと》に声《こえ》をかけられ、「このランドセルをあげる」と言《い》って、新品《しんぴん》のランドセルをもらったという。女《おんな》の子《こ》が家《いえ》に帰《かえ》ってさっそくランドセルを開《あ》けると、あっという間《ま》にランドセルの中《なか》に吸《す》いこまれてしまったという。

ランドセルのような人食《ひとく》い化《ば》け物《もの》

目撃情報《もくげきじょうほう》

女《おんな》の子《こ》がトンネルの中《なか》で出《で》会《あ》った男《おとこ》が、おそらく人食《ひとく》いランドセルを子《こ》どもたちに配《くば》っている犯人《はんにん》のようだが、何者《なにもの》なのかは不明《ふめい》だ。

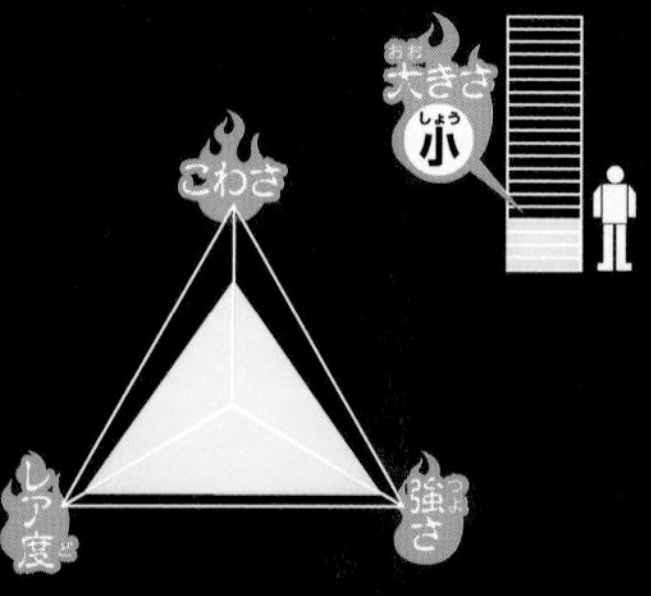

にげるにはどうする？

あやしい男《おとこ》から何《なに》も受《う》け取《と》らない

あやしい男《おとこ》から人食《ひとく》いランドセルを受《う》け取《と》らなければ安心《あんしん》だ。もし、知《し》らないうちに自分《じぶん》のランドセルとすりかえられてしまってもわかるよう、自分《じぶん》のランドセルには何《なに》か、印《しるし》をつけておくのもいいだろう。

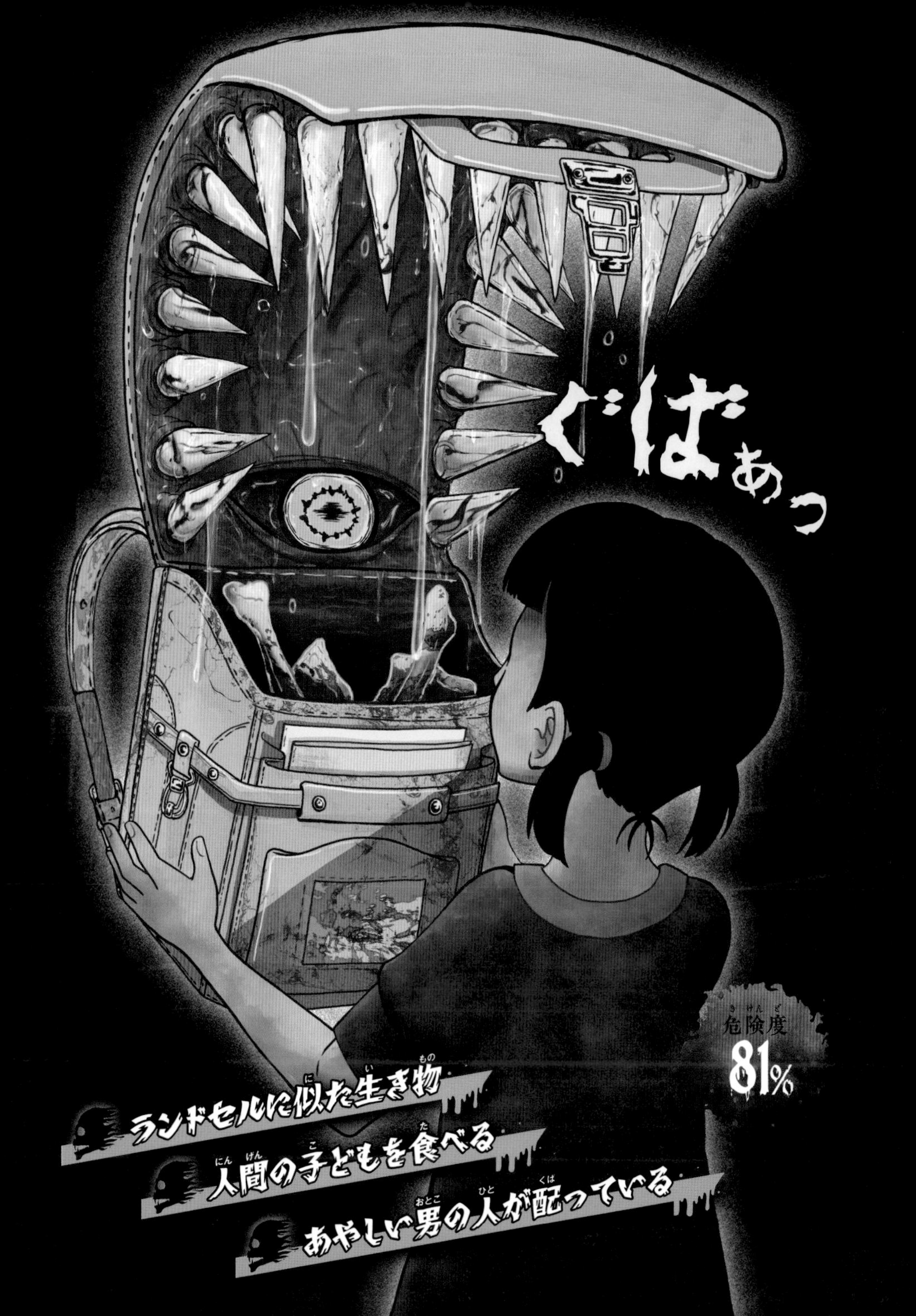
ぐばあっ
危険度《きけんど》
81%
ランドセルに似《に》た生《い》き物《もの》
人間《にんげん》の子《こ》どもを食《た》べる
あやしい男《おとこ》の人《ひと》が配《くば》っている

第4章

マンホール少女《しょうじょ》

危険度《きけんど》
52%

子《こ》どもをマンホールの中《なか》へすいこむ女《おんな》の子《こ》

登下校中《とうげこうちゅう》、マンホールの上《うえ》で遊《あそ》んでいる小学生《しょうがくせい》くらいの女《おんな》の子《こ》がいたら、マンホール少女《しょうじょ》かもしれない。

ウワサによれば、マンホール少女《しょうじょ》は、マンホールのふたの上《うえ》で「15、15、15」と同《おな》じ数《かず》を言《い》いながらひとりで遊《あそ》んでいるという。もし、その子《こ》といっしょに遊《あそ》んでしまうと、遊《あそ》んだ子《こ》はマンホールの中《なか》に吸《す》いこまれて消《き》えてしまうそうだ。その後《ご》、マンホール少女《しょうじょ》はふたたび数《かず》を言《い》いながらマンホールのふたの上《うえ》で同《おな》じ数《かず》を数《かぞ》えつづけるのだが、今度《こんど》は「16、16、16」のように数《かず》がひとつ増《ふ》えているという。

つまり、この数《かず》はマンホールの中《なか》にすいこまれてしまった子《こ》どもの人数《にんずう》を表《あらわ》しているのだ。

- 小学生《しょうがくせい》の女《おんな》の子《こ》の姿《すがた》をしている
- マンホールの上《うえ》で数《かず》を数《かぞ》えている
- いっしょに遊《あそ》ぶとゆくえ不明《ふめい》になる

にげるにはどうする？

見《み》かけてもいっしょに遊《あそ》んではいけない

マンホール少女《しょうじょ》から声《こえ》をかけてくることはないので、見《み》かけてもキミから声《こえ》をかけなければ大丈夫《だいじょうぶ》。マンホール少女《しょうじょ》はすごく楽《たの》しそうにひとり遊《あそ》びをしているが、だまされていっしょに遊《あそ》んではいけない。

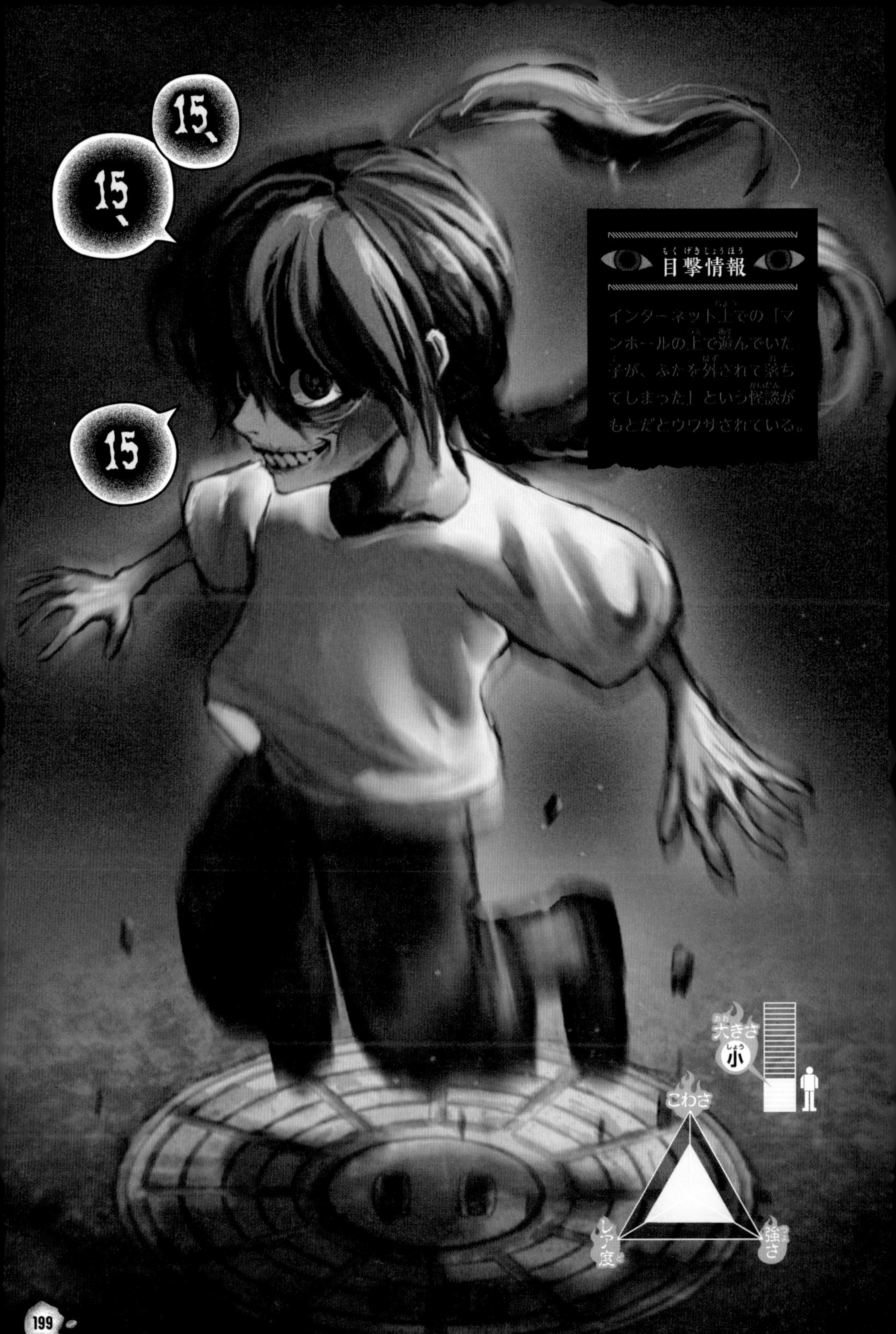

目撃情報《もくげきじょうほう》

インターネット上《じょう》での「マンホールの上《うえ》で遊《あそ》んでいた子《こ》が、ふたを外《はず》されて落《お》ちてしまった」という怪談《かいだん》がもとだとウワサされている。

第4章

首《くび》探《さが》し

踏《ふ》切《みきり》で死《し》んだ首《くび》のない幽《ゆう》霊《れい》

踏切《ふみきり》は事故《じこ》が起《お》こりやすいため、幽《ゆう》霊《れい》が出《で》やすい場所《ばしょ》としても有名《ゆうめい》だ。

　ある中学校《ちゅうがっこう》のウワサによると、生徒《せいと》が通学《つうがく》のとちゅう、ローカル線《せん》の踏切《ふみきり》で電車《でんしゃ》にひかれて死《し》んでしまった。このとき生徒《せいと》の首《くび》が切断《せつだん》されてしまい、不思議《ふしぎ》なことにいくら探《さが》しても首《くび》が見《み》つからなかった。それ以来《いらい》、その踏切《ふみきり》には首《くび》のない幽霊《ゆうれい》が現《あらわ》れ、自分《じぶん》の首《くび》を探《さが》してさまよっているという。

　また、北海道《ほっかいどう》では小学《しょうがく》2年生《ねんせい》の男《おとこ》の子《こ》が踏切《ふみきり》で死《し》んでしまったが、同《おな》じように首《くび》だけ見《み》つからなかった。後日《ごじつ》、

目撃情報《もくげきじょうほう》

踏切《ふみきり》に現《あらわ》れる怪異《かいい》は多《おお》く、にやにやしながらものすごい力《ちから》で車《くるま》を線路内《せんろない》におしてくる、血《ち》まみれのおばあさんの幽霊《ゆうれい》もいるという。

危険度《きけんど》
35%

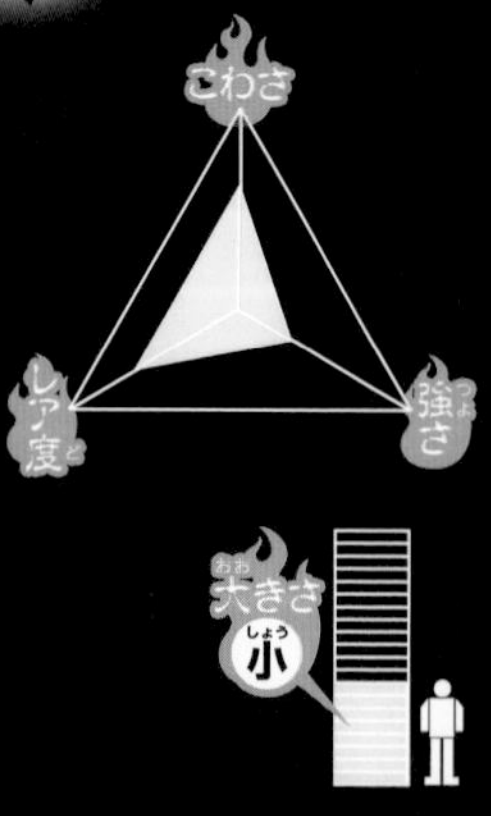

にげるにはどうする？

首《くび》をいっしょに探《さが》してはいけない

「事故《じこ》が多《おお》い」とウワサされる踏切《ふみきり》には、悪《わる》い霊《れい》がうろついているかもしれない。なるべく近《ちか》よらないか、ひとりでわたらないように気《き》をつけよう。くれぐれもいっしょに首《くび》を探《さが》してあげようとは思《おも》わないこと。

母親《ははおや》が少年《しょうねん》の持《も》ち物《もの》を整理《せいり》していたら、忘《わす》れものをしないように書《か》き記《しる》す「忘《わす》れもの帳《ちょう》」に「ぼくの頭《あたま》」と書《か》いてあったという。

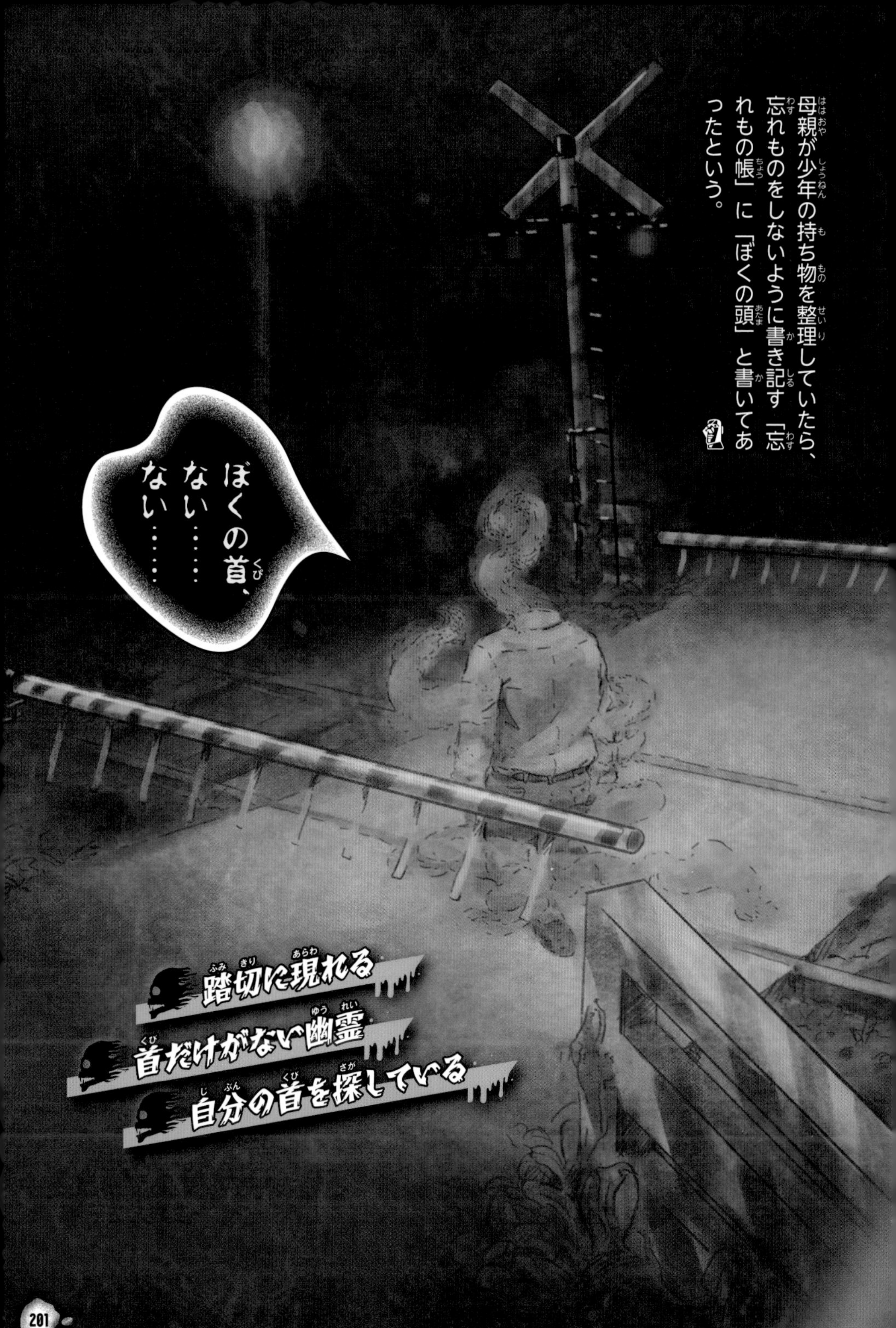

踏切《ふみきり》に現《あらわ》れる
首《くび》だけがない幽霊《ゆうれい》
自分《じぶん》の首《くび》を探《さが》している

終《お》わらない かくれんぼ
いーち… にぃい… さぁん…
もう いいかぁい…
もう いいよぉー
ふふふ… この中《なか》なら だれにも 見《み》つからないわ
ガタガタ
え？
ここの冷蔵庫《れいぞうこ》を 持《も》っていけば 仕事《しごと》は終《お》わりだ
さっさと のせちまえ
どういう こと!? なんで ゆれてるの!?
ガタ
ガタ
おっと
キキィー
キャッ！
ズプッ
入《はい》らないで！ コンクリート 工事中《こうじちゅう》！ 危険《きけん》!!

何《なに》!? どうなったの? どうして開《あ》かないの!?
ずぶずぶ
まずいよ 積荷《つみに》が工事現場《こうじげんば》に落《お》ちた
ほっとけ! 時間優先《じかんゆうせん》だ
もーいぃ かぁーい?
カァー
カァー
ミカ どこにかくれたんだ
もう帰《かえ》ったんじゃない?
もううちに帰《かえ》る時間《じかん》よ
じゃおれらも帰《かえ》るか
もう いいよぉ! もう いやだよぅ
ずず
ずず
だから… 早《はや》く…
たすけて!!

もういいよ

目撃情報《もくげきじょうほう》

昔《むかし》は、冷蔵庫《れいぞうこ》の中《なか》に入《はい》って出《で》られなくなった子《こ》どもの事故《じこ》が実際《じっさい》にあったという。そこからこの怪談《かいだん》のウワサが広《ひろ》まったのだろうか。

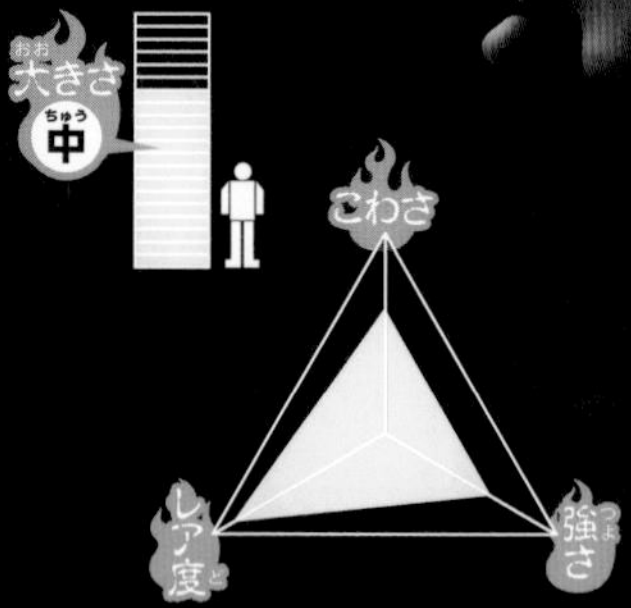

かくれんぼで起《お》きた悲劇《ひげき》

だれもが遊《あそ》んだことがある「かくれんぼ」にまつわるこわい話《はなし》がある。あるとき、子《こ》どもたちが公園《こうえん》でかくれんぼをしていた。ひとりの少女《しょうじょ》が公園《こうえん》にすてられていた冷蔵庫《れいぞうこ》を見《み》つけて中《なか》にかくれたが、その冷蔵庫《れいぞうこ》は中《なか》からは開《あ》けられないタイプだった。そこにゴミの回収車《かいしゅうしゃ》がやってきて冷蔵庫《れいぞうこ》を積《つ》んでいってしまう。車《くるま》が急《きゅう》カーブにさしかかったときに冷蔵庫《れいぞうこ》が落《お》ち、建設中《けんせつちゅう》のビルの生乾《なまがわ》きのコンクリートの中《なか》に落《お》ちた。だれにも気《き》づかれないまま少女《しょうじょ》が入《はい》った冷蔵庫《れいぞうこ》はコンクリートにうもれてしまったという。

工事《こうじ》が終《お》わって建《た》ったビルでは、地《ち》下《か》から「鬼《おに》さん、もういいよ。早《はや》く見《み》つけてよ」という少女《しょうじょ》の声《こえ》が聞《き》こえてくるようになったそうだ。

危険度《きけんど》
55%

にげるにはどうする？

冷蔵庫《れいぞうこ》にかくれてはいけない

大《おお》きな冷蔵庫《れいぞうこ》がすてられていたら、中《なか》に入《はい》ってみたくなる人《ひと》もいるかもしれない。しかし、閉《と》じこめられたら息《いき》ができなくて死《し》んでしまうかもしれない。かなり危険《きけん》なので、絶対《ぜったい》に入《はい》ってはいけない。

鬼《おに》さん、もういいよ 早《はや》く見《み》つけてよ
かくれんぼで冷《れい》蔵《ぞう》庫《こ》にかくれた少《しょう》女《じょ》がいた
冷《れい》蔵《ぞう》庫《こ》は建《けん》設《せつ》現《げん》場《ば》に落《お》ちてしまう
少《しょう》女《じょ》の悲《かな》しい声《こえ》が今《いま》も聞《き》こえる

まれおばけ

学校《がっこう》が好《す》きすぎて死後《しご》も登校《とうこう》する幽霊《ゆうれい》

登校時間《とうこうじかん》は朝《あさ》だから、おばけなんていないとゆだんしているキミ。実《じつ》は、明《あか》るい時間《じかん》でも姿《すがた》を現《あらわ》すお化《ば》けがいることを知《し》っているだろうか。その名《な》も「まれおばけ」という。

まれおばけは、ランドセルを背負《せお》った大人《おとな》の姿《すがた》の幽霊《ゆうれい》だ。まれおばけは、学校《がっこう》が大好《だいす》きな子《こ》どもだったが、あるとき登校中《とうこうちゅう》に病気《びょうき》でたおれ、死《し》んでしまった。そのため学校《がっこう》に行《い》けなかったことが未練《みれん》で、今《いま》も朝《あさ》になると登校中《とうこうちゅう》の子《こ》どもを見《み》つけ、学校《がっこう》まであとをついていくのだという。

まれおばけは子《こ》どものころに死《し》んだはずなのに、大人《おとな》の姿《すがた》で目撃《もくげき》されている。つまり、死後《しご》も成長《せいちょう》している不思《ふし》議《ぎ》な幽霊《ゆうれい》なのである。

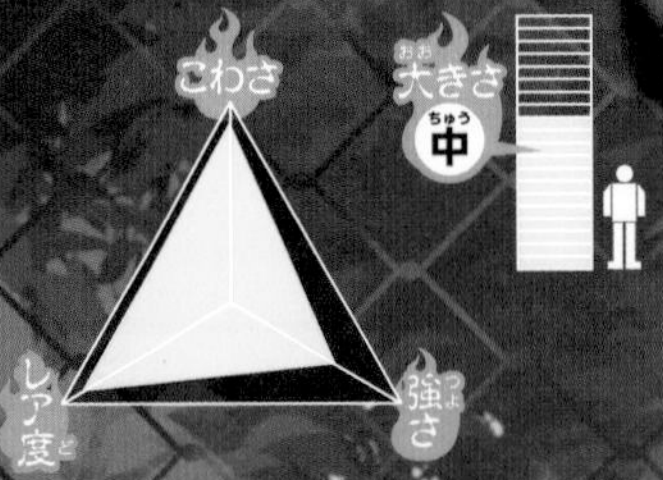

危険度《きけんど》
5%

にげるにはどうする？

気《き》にせずいっしょに登校《とうこう》しよう

まれおばけは学校《がっこう》までついてきたあと、消《き》えてしまうようだ。特《とく》に悪《わる》さをしてくるわけではないので、登校中《とうこうちゅう》にもし見《み》かけても、気《き》にしないでおこう。むしろ子《こ》どもたちを悪霊《あくりょう》から守《まも》ってくれるかもしれない。

大人《おとな》の姿《すがた》でランドセルを背負《せお》っている

朝《あさ》の登校中《とうこうちゅう》に現《あらわ》れる

学校《がっこう》までついてくる

目撃情報《もくげきじょうほう》

まれおばけは、静岡県《しずおかけん》の小《しょう》学校《がっこう》でウワサになっているという。死後《しご》も成長《せいちょう》しつづけているおばけというのは、非常《ひじょう》にめずらしい。

第4章

さとるくん

- 公衆電話《こうしゅうでんわ》と携帯電話《けいたいでんわ》で呼《よ》び出《だ》せる
- だんだん近《ちか》づいてくる
- 姿《すがた》を見《み》たらどこかへ連《つ》れていかれる

公衆電話《こうしゅうでんわ》と携帯電話《けいたいでんわ》で呼《よ》び出《だ》せるなぞの少年《しょうねん》

公衆電話《こうしゅうでんわ》と携帯電話《けいたいでんわ》を使《つか》えば、さとるくんという怪人《かいじん》を呼《よ》び出《だ》し、ひとつだけ質問《しつもん》に答《こた》えてもらえるという。方《ほう》法《ほう》はこうだ。

①公衆電話《こうしゅうでんわ》に10円玉《えんだま》を入《い》れて、自分《じぶん》の携帯電話《けいたいでんわ》に電話《でんわ》をかける。

②つながったら、公衆電話《こうしゅうでんわ》の受話器《じゅわき》から自分《じぶん》の携帯電話《けいたいでんわ》に向《む》けて「さとるくん、さとるくん、いらっしゃったらお返事《へんじ》ください」と言《い》って電話《でんわ》を切《き》る。

③24時間以内《じかんいない》に、携帯電話《けいたいでんわ》にさとるくんから何度《なんど》も電話《でんわ》がある。最後《さいご》の電《でん》話《わ》で「今《いま》、キミの後《うし》ろにいるよ」と言《い》われたら、質問《しつもん》のタイミングだ。

このとき質問《しつもん》できなかったり、後《うし》ろを振《ふ》り返《かえ》って姿《すがた》を見《み》たりするとどこかへ連《つ》れ去《さ》られてしまうそうだ。

にげるにはどうする？

電話《でんわ》の前《まえ》に質問《しつもん》を考《かんが》えておこう

もし、最後《さいご》の電話《でんわ》で後《うし》ろをふり返《かえ》ってしまったり、質問《しつもん》が思《おも》いつかなかったりすると、どこかへ連《つ》れていかれてしまう。さとるくんに電話《でんわ》をかける場合《ばあい》は、あらかじめ何《なに》を質問《しつもん》するか、しっかり考《かんが》えておこう。

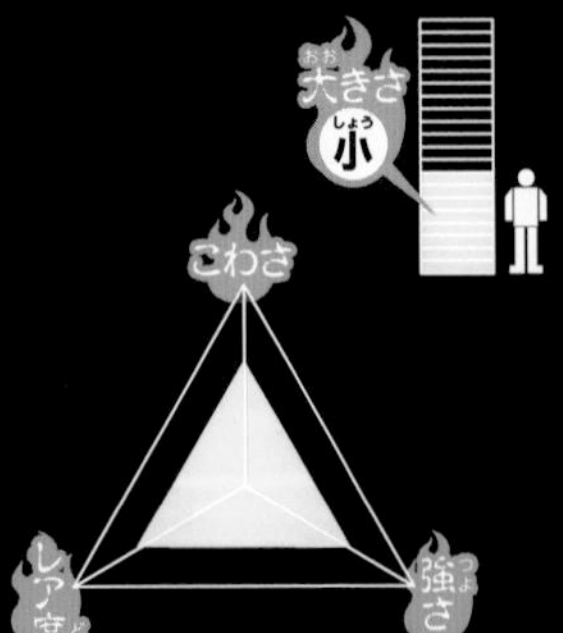

目撃情報《もくげきじょうほう》

さとるくんの正体《しょうたい》は、人《ひと》の心《こころ》を読《よ》む妖怪《ようかい》「覚《さとる》」という説《せつ》もある。また、ある小学《しょうがっ》校《こう》に、実際《じっさい》にさとるくんが現《あらわ》れたというウワサもある。

危険度《きけんど》
55%

銀色《ぎんいろ》発光体《はっこうたい》

- サイズは約《やく》10センチ
- 全身《ぜんしん》が銀色《ぎんいろ》に光《ひか》っている
- ずっと宙《ちゅう》に浮《う》き、影《かげ》がない

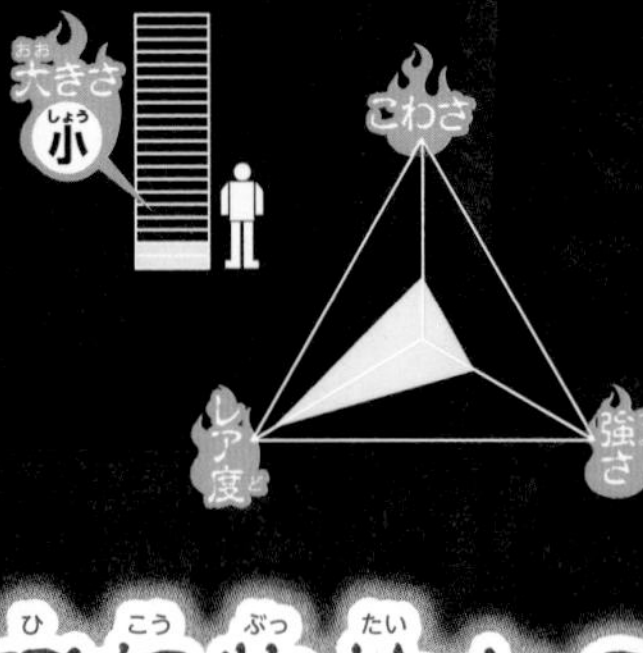

危険度《きけんど》
10%

未知《みち》の飛行物体《ひこうぶったい》か？
新種《しんしゅ》の昆虫《こんちゅう》か？

夏休《なつやす》みにもし虫捕《むしと》りに出《で》かけるなら、つかまえた虫《むし》をよく観察《かんさつ》しよう。虫《むし》ではないなぞの銀色発光体《ぎんいろはっこうたい》が混《ま》じってはいないだろうか？

ウワサによれば、奈良県《ならけん》に住《す》む小学生《しょうがくせい》の男《おとこ》の子《こ》が、夏休《なつやす》みに田《た》んぼで銀色《ぎんいろ》に光《ひか》る虫《むし》をつかまえた。その虫《むし》は体長《たいちょう》が10センチほどで、まるで銀色《ぎんいろ》のお皿《さら》をひっくり返《かえ》したような形《かたち》だったという。その虫《むし》はずっと宙《ちゅう》に浮《う》いていて、不思議《ふしぎ》と影《かげ》がなかった。

男《おとこ》の子《こ》はその虫《むし》を虫《むし》かごに入《い》れて母親《ははおや》に見《み》せたが、母親《ははおや》に「にがしてあげなさい」と言《い》われ、虫《むし》かごを開《あ》けた。すると、虫《むし》はものすごい勢《いきお》いで空《そら》に飛《と》んでいったという。銀色発光体《ぎんいろはっこうたい》が本当《ほんとう》に虫《むし》だったかどうかはわからない。

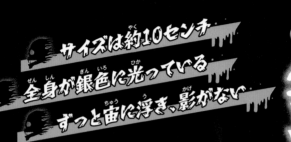

目撃情報《もくげきじょうほう》

銀色発光体《ぎんいろはっこうたい》は円盤《えんばん》のような形《かたち》をしていたこと、影《かげ》がなかったこと、ずっと宙《ちゅう》に浮《う》いていたことなどから、U《ユー》FO《フォー》だった可能性《かのうせい》もある。

にげるにはどうする？

つかまえたらにがしてあげよう

銀色発光体《ぎんいろはっこうたい》が何物《なにもの》なのかは今《いま》のところ不明《ふめい》だ。虫《むし》に似《に》た未知《みち》の飛行物体《ひこうぶったい》かもしれないし、新種《しんしゅ》の昆虫《こんちゅう》なのかもしれない。もしぐうぜん、つかまえることがあったら、観察《かんさつ》したあとは空《そら》ににがしてあげよう。

逢魔《おうま》が時《とき》

怪人《かいじん》や幽霊《ゆうれい》が動《うご》きはじめる時間《じかん》

「逢魔《おうま》が時《とき》」というのは、夕方《ゆうがた》のうす暗《ぐら》い時間《じかん》のことだ。「魔《ま》に逢《あ》う時《とき》」と書《か》く。つまり、外《そと》に出《で》ていると、怪人《かいじん》や幽霊《ゆうれい》などの魔物《まもの》に逢《あ》うと言《い》われている時間帯《じかんたい》ということだ。夕方《ゆうがた》は、ちょうど昼《ひる》と夜《よる》の境目《さかいめ》にあたる。人間《にんげん》が活《かつ》動《どう》する昼《ひる》の時間《じかん》から、魔物《まもの》が活動《かつどう》する夜《よる》の時間《じかん》に移《うつ》っていくのである。

学校《がっこう》のあちこちで不思議《ふしぎ》なことが起《お》こりやすい時間帯《じかんたい》も、放課後《ほうかご》から夜《よる》にかけてだ。また、「赤《あか》マント（→P176）」などの怪人《かいじん》もこの時間《じかん》に現《あらわ》れると言《い》われている。夕方《ゆうがた》、学校《がっこう》から帰《かえ》るとき、だれもいないのに背後《はいご》に何《なに》かの気配《けはい》を感《かん》じたら、それは暗《くら》がりにひそむ魔物《まもの》たちが、キミのあとを追《お》いかけてきているのかもしれない。

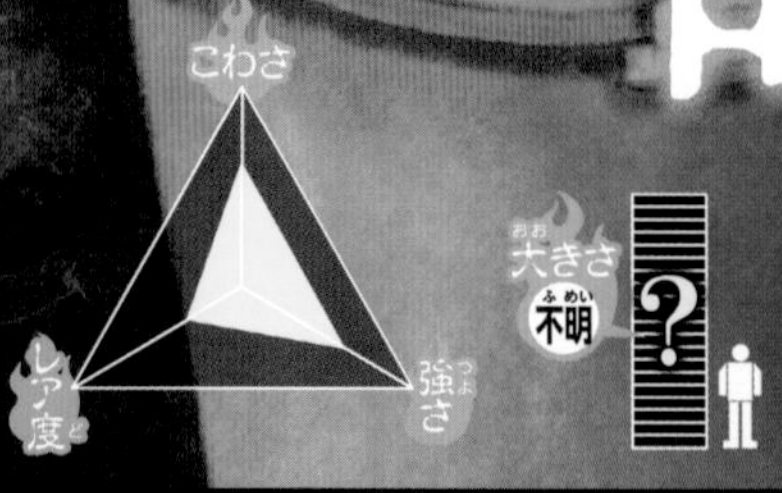

危険度《きけんど》
66%

にげるにはどうする？

気配《けはい》を感《かん》じたらふり向《む》いてはダメ

逢魔《おうま》が時《とき》にひとりで帰《かえ》ると魔物《まもの》と出会《であ》ってしまうかもしれないので、友《とも》だちといっしょに帰《かえ》ろう。もし背後《はいご》に魔《ま》物《もの》の気配《けはい》を感《かん》じたら、気《き》にしたり、ふり向《む》いたりしてはいけない。全速力《ぜんそくりょく》で家《いえ》にかけこもう。

夕《ゆう》方《がた》の時《じ》間《かん》のこと
魔《ま》物《もの》が活《かつ》動《どう》を始《はじ》める
学《がっ》校《こう》などで不《ふ》思《し》議《ぎ》なことが起《お》こりやすい

目撃情報《もくげきじょうほう》

夕方《ゆうがた》、校庭《こうてい》でブランコをこぐ音《おと》がして、見《み》ると足《あし》のすけている女《おんな》の子《こ》がブランコに乗《の》っていた。声《こえ》をかけたらスッと消《き》えたという。

「通学路《つうがくろ》の怪人《かいじん》・怪物《かいぶつ》」研究レポート

毎日通《まいにちかよ》う道《みち》ですれちがう人《ひと》の中《なか》に、おそろしい怪人《かいじん》や怪物《かいぶつ》たちがいるかもしれない。通学路《つうがくろ》の怪談《かいだん》の目撃情報《もくげきじょうほう》を分析《ぶんせき》してみよう。

通学路《つうがくろ》は危険《きけん》がいっぱい

学校《がっこう》の行《い》き帰《かえ》りで気《き》をつけたいのは、事故《じこ》や事件《じけん》だけではない。日本刀《にほんとう》を持《も》った包帯《ほうたい》男《おとこ》「トンカラトン」も、「怪人赤《かいじんあか》マント」（→P170）や「注射男《ちゅうしゃおとこ》」（→P186）のように、道《みち》を歩《ある》く子《こ》どもをねらっておそってくる非常《ひじょう》に危険《きけん》な怪人《かいじん》だ。あやしい動《うご》きをするものがいたら怪人《かいじん》かもしれない。

雨《あめ》の日《ひ》は幽霊《ゆうれい》が出《で》やすい？

雨《あめ》の日《ひ》は周《まわ》りが見《み》えづらくなるので、人《ひと》ではないものがまぎれていても気《き》づきづらいかもしれない。「ひきこさん」は子《こ》どもを引《ひ》きずる雨《あめ》の日《ひ》の怪人《かいじん》で、正体《しょうたい》は「引《ひ》きずり女《おんな》」（→P192）と同《おな》じというウワサもある。「まっかっかさん」は目撃《もくげき》すると死《し》ぬという真《ま》っ赤《か》なカサをさした幽霊《ゆうれい》だ。

子《こ》どもの姿《すがた》の怪人《かいじん》にも要注意《ようちゅうい》

こわいのは大人《おとな》の姿《すがた》の怪人《かいじん》だけではない。「マンホール少女《しょうじょ》」（→P198）や「さとるくん」（→P208）のように子《こ》どもの姿《すがた》をした怪人《かいじん》もいる。出会《であ》うと死《し》ぬという「こいとさん」は自分《じぶん》とそっくりな見《み》た目《め》をしているという。相手《あいて》が自分《じぶん》と同《おな》じような子《こ》どもに見《み》えてもゆだんは禁物《きんもつ》だ。

「通学路《つうがくろ》の怪人《かいじん》・怪物《かいぶつ》」の傾向《けいこう》チャート

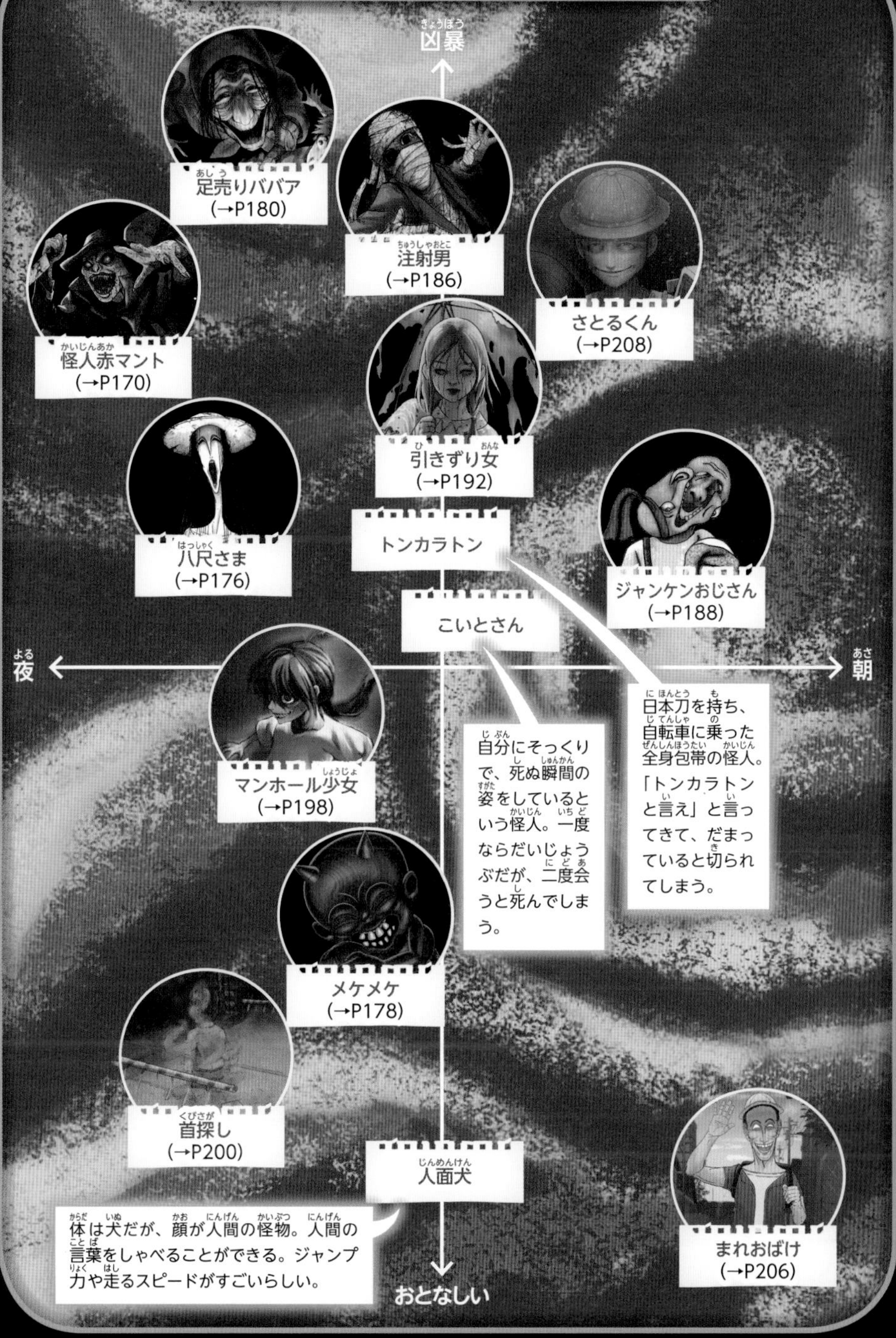

凶暴《きょうぼう》
おとなしい
夜《よる》
朝《あさ》
足《あし》売《う》りババア
(→P180)
注射男《ちゅうしゃおとこ》
(→P186)
怪人赤《かいじんあか》マント
(→P170)
さとるくん
(→P208)
引《ひ》きずり女《おんな》
(→P192)
八尺《はっしゃく》さま
(→P176)
トンカラトン
ジャンケンおじさん
(→P188)
こいとさん
日本刀《にほんとう》を持《も》ち、自転車《じてんしゃ》に乗《の》った全身包帯《ぜんしんほうたい》の怪人《かいじん》。「トンカラトンと言《い》え」と言《い》ってきて、だまっていると切《き》られてしまう。
マンホール少女《しょうじょ》
(→P198)
自分《じぶん》にそっくりで、死《し》ぬ瞬間《しゅんかん》の姿《すがた》をしているという怪人《かいじん》。一度《いちど》ならだいじょうぶだが、二度会《にどあ》うと死《し》んでしまう。
メケメケ
(→P178)
首探《くびさが》し
(→P200)
人面犬《じんめんけん》
体《からだ》は犬《いぬ》だが、顔《かお》が人間《にんげん》の怪物《かいぶつ》。人間《にんげん》の言葉《ことば》をしゃべることができる。ジャンプ力《りょく》や走《はし》るスピードがすごいらしい。
まれおばけ
(→P206)

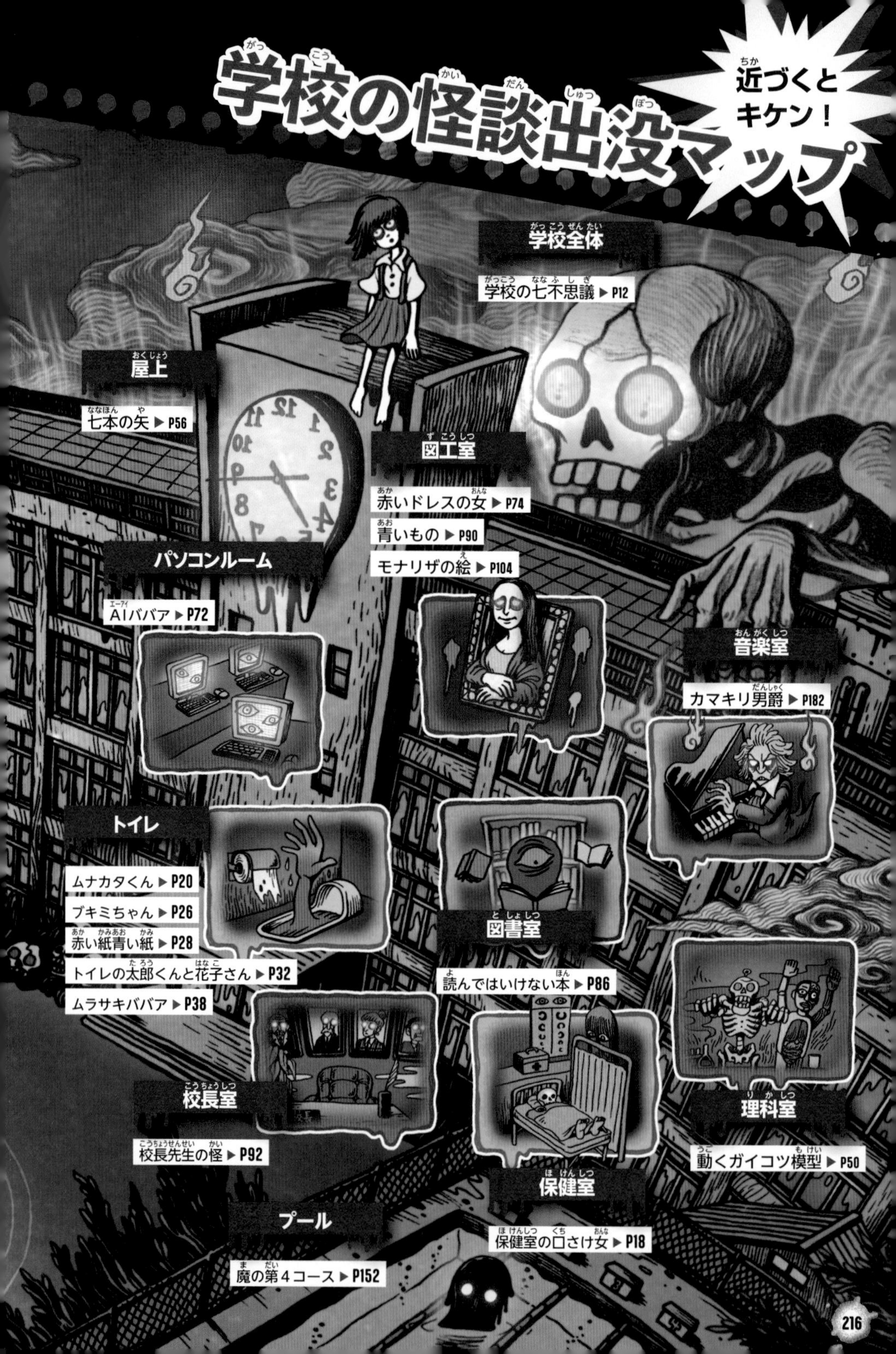
学《がっ》校《こう》の怪《かい》談《だん》出《しゅつ》没《ぼつ》マップ
近《ちか》づくとキケン！
学《がっ》校《こう》全《ぜん》体《たい》
学校《がっこう》の七不思議《ななふしぎ》 ▶ P12
屋上《おくじょう》
七本《ななほん》の矢《や》 ▶ P56
図工室《ずこうしつ》
赤《あか》いドレスの女《おんな》 ▶ P74
青《あお》いもの ▶ P90
モナリザの絵《え》 ▶ P104
パソコンルーム
AI《エーアイ》ババア ▶ P72
音楽室《おんがくしつ》
カマキリ男爵《だんしゃく》 ▶ P182
トイレ
ムナカタくん ▶ P20
ブキミちゃん ▶ P26
赤《あか》い紙《かみ》青《あお》い紙《かみ》 ▶ P28
トイレの太郎《たろう》くんと花子《はなこ》さん ▶ P32
ムラサキババア ▶ P38
図書室《としょしつ》
読《よ》んではいけない本《ほん》 ▶ P86
校長室《こうちょうしつ》
校長先生《こうちょうせんせい》の怪《かい》 ▶ P92
理科室《りかしつ》
動《うご》くガイコツ模型《もけい》 ▶ P50
保健室《ほけんしつ》
保健室《ほけんしつ》の口《くち》さけ女《おんな》 ▶ P18
プール
魔《ま》の第《だい》4コース ▶ P152

学校《がっこう》の怪談《かいだん》が目撃《もくげき》されているスポットを
エリア別《べつ》のマップにしたぞ！　これらの場所《ばしょ》に
近《ちか》づくときはくれぐれも気《き》をつけよう。

カバーをめくったところについているぞ！

退魔《たいま》の力《ちから》が宿《やど》る！

お守《まも》りカード

仏《ほとけ》さまの力《ちから》がこめられた、文字《もじ》とポーズが描《えが》かれたお札《ふだ》だ。魔除《まよ》けの効果《こうか》があり、持《も》ち主《ぬし》の身《み》を守《まも》ってくれるぞ！

お守《まも》りカード監修《かんしゅう》／LUA

最強《さいきょう》の「文字《もじ》」と「印《いん》」で魔《ま》をしりぞける!!

梵字《ぼんじ》「バク」

梵字《ぼんじ》とは古《ふる》いインドの文字《もじ》のこと。この字《じ》は「バク」と読《よ》み、邪《じゃ》気《き》をはらう効果《こうか》がある。

「降魔印《ごうまいん》」

人差《ひとさ》し指《ゆび》を下《した》に向《む》けるこのポーズは「降魔印《ごうまいん》」といい、魔物《まもの》を追《お》いはらう効果《こうか》がある。

使《つか》い方《かた》 1

お守《まも》りカードをかざして呪文《じゅもん》を唱《とな》えよう！

お守《まも》りカードを持《も》ち歩《ある》いたり、かべに貼《は》ったりしよう。もしイヤな気配《けはい》を感《かん》じたら、カードを手《て》に持《も》ち「ナウマク・サマンダ・ボダナン・バク」と呪文《じゅもん》を唱《とな》えよう。呪文《じゅもん》を唱《とな》えると、仏《ほとけ》さまの力《ちから》がお札《ふだ》に宿《やど》るといわれている。

使《つか》い方《かた》 2

梵字《ぼんじ》「バク」を空中《くうちゅう》に描《えが》こう！

カードを手《て》に持《も》って、「バク」の字《じ》を空中《くうちゅう》に大《おお》きく描《えが》くのもおすすめだ。仏《ほとけ》さまの力《ちから》がカードにみなぎり、キミの周囲《しゅうい》に結界《けっかい》が生《う》まれて悪《わる》いものが近《ちか》づけなくなるぞ。書《か》き順《じゅん》をまちがえないようにしっかり覚《おぼ》えておこう。

使《つか》い方《かた》 3

「降魔印《ごうまいん》」を結《むす》ぼう！

呪文《じゅもん》を唱《とな》え「バク」を空中《くうちゅう》に描《えが》いたあと、「降魔印《ごうまいん》」のポーズをとれば防御《ぼうぎょ》は完《かん》ぺきだ。「降魔印《ごうまいん》」は修行中《しゅぎょうちゅう》の仏《ほとけ》さまが悪魔《あくま》を退《しりぞ》けるときに使《つか》ったという伝説《でんせつ》の動作《どうさ》。右手《みぎて》の甲《こう》を前《まえ》にして、指先《ゆびさき》で床《ゆか》や地面《じめん》にそっと触《ふ》れよう。

キミの体験《たいけん》を求《もと》む！

学校《がっこう》の怪談《かいだん》を目撃《もくげき》したら ムー編集部《へんしゅうぶ》に送《おく》ってみよう！

キミ自身《じしん》や、キミの周《まわ》りの学校《がっこう》で起《お》きた不思議《ふしぎ》な体験《たいけん》やこわい話《はなし》はないだろうか。もし「こんなウワサを知《し》っているよ！」というものがあれば、ぜひムー編集部《へんしゅうぶ》に送《おく》ってほしい。

記入例《きにゅうれい》

学校《がっこう》の怪談《かいだん》目撃《もくげき》報告書《ほうこくしょ》

目撃《もくげき》した日時《にちじ》　2024 年《ねん》 6 月《がつ》 1 日《にち》 5 時《じ》ごろ

目撃《もくげき》した場所《ばしょ》　東京 都道《とどう》府県《ふけん》　小学校

目撃《もくげき》した学校《がっこう》の怪談《かいだん》の名前《なまえ》　カツカツさん

気《き》づいたこと
・カッカッと足音がした
・2階の階段を上っていた
・体の上半分がなかった

目撃《もくげき》した学校《がっこう》の怪談《かいだん》の絵《え》を描《か》いてみよう！

キミの知《し》っていることをなんでも書《か》いてくれ！

学校《がっこう》の●年《ねん》×組《くみ》に幽霊《ゆうれい》が出《で》るらしい！
トイレでおばけを見《み》た！
廊下《ろうか》で変《へん》な音《おと》を聞《き》いた！

キミが見《み》たことやキミの学校《がっこう》のこわいウワサをムー編集部《へんしゅうぶ》に送《おく》ってほしい！

書《か》き方《かた》のコツ

- ▶「目撃《もくげき》した学校《がっこう》の怪談《かいだん》の名前《なまえ》」は、この本《ほん》に載《の》っている名前《なまえ》でも「〜みたいな怪談《かいだん》」でもいいぞ。
- ▶「気《き》づいたこと」には、学校《がっこう》のどこで目撃《もくげき》される怪《かい》談《だん》なのかを忘《わす》れずに書《か》こう。
- ▶絵《え》のスペースには、目撃《もくげき》したときの状況《じょうきょう》（時間《じかん》や音《おと》、におい）を文字《もじ》で書《か》いたり、見《み》たものの姿《すがた》を描《えが》いたりしよう。

学《がっ》校《こう》の怪《かい》談《だん》目《もく》撃《げき》報《ほう》告《こく》書《しょ》

目撃《もくげき》した日時《にちじ》 ＿＿＿＿年《ねん》＿＿月《がつ》＿＿日《にち》＿＿時《じ》ころ

目撃《もくげき》した場所《ばしょ》 ＿＿＿＿都道《とどう》府県《ふけん》＿＿＿＿＿＿

目撃《もくげき》した学校《がっこう》の怪談《かいだん》の名前《なまえ》 ＿＿＿＿＿＿＿＿

気《き》づいたこと ＿＿＿＿＿＿＿＿

目撃《もくげき》した学校《がっこう》の怪談《かいだん》の絵《え》を描《か》いてみよう！

←

左《ひだり》の用紙《ようし》を切《き》り取《と》るか、コピーをして、目撃情報《もくげきじょうほう》を記入《きにゅう》し、切手《きって》を貼《は》ってムー編集部《へんしゅうぶ》に送《おく》ろう。もしかすると雑誌《ざっし》「ムー」やウェブムーにのるかもしれないぞ！

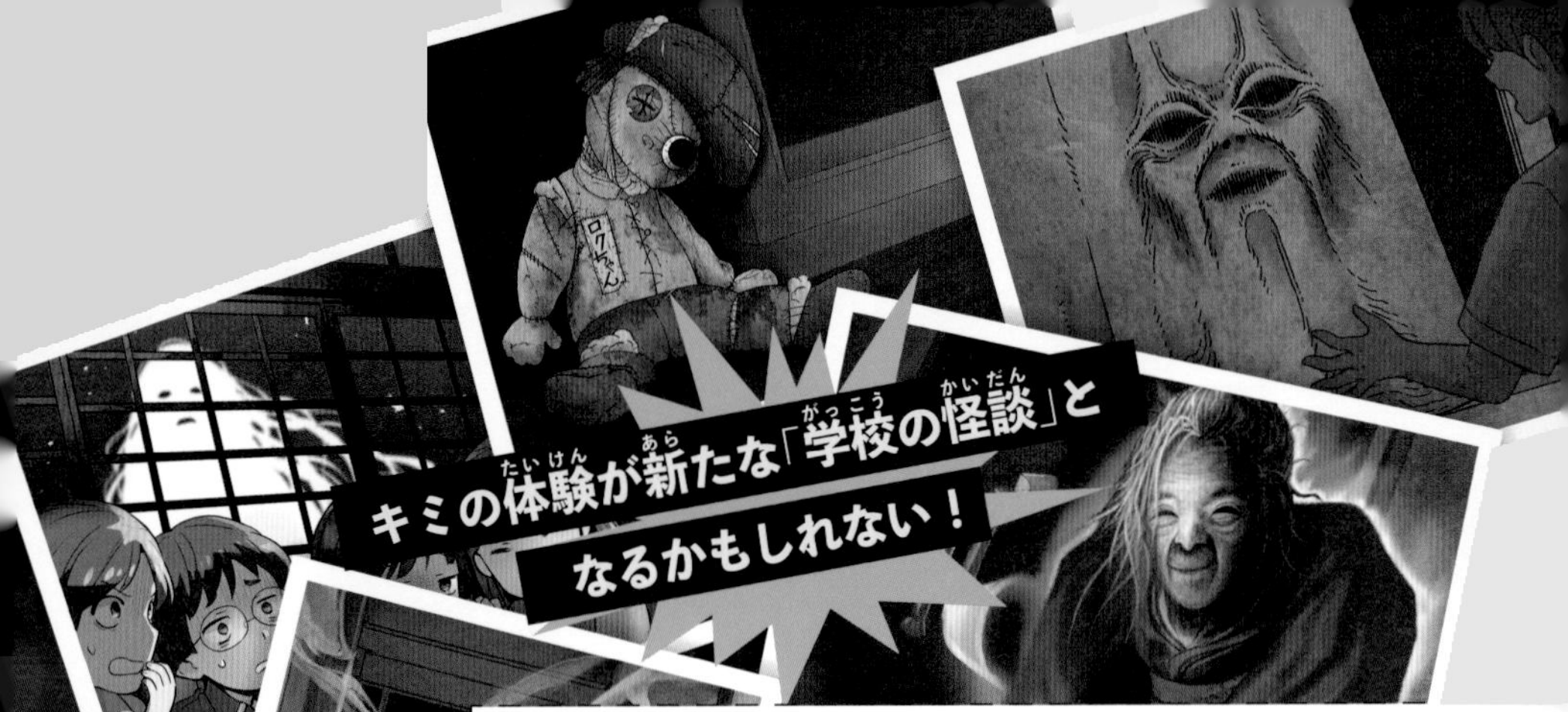

郵便はがき

恐れ入り
ますが
切手を貼って
ください

105-0003

東京都港区西新橋2-23-1
3東洋海事ビル4階
(株)ワン・パブリッシング
ムー編集部
学校の怪談目撃報告書係

自宅住所《じたくじゅうしょ》	(郵便番号《ゆうびんばんごう》) (電話番号《でんわばんごう》)		
お名前《なまえ》		性別《せいべつ》	
年齢《ねんれい》・学年《がくねん》		ご職業《しょくぎょう》	
この本《ほん》の感想《かんそう》を教《おし》えてね			

※このハガキでいただいたご住所《じゅうしょ》やお名前《なまえ》などは、今《こん》後《ご》の企画《きかく》の参考《さんこう》に使用《しよう》いたします。

※お寄《よ》せいただいた個人情報《こじんじょうほう》に関《かん》するお問《と》い合《あ》わせは、下記《かき》サイトのお問《と》い合《あ》わせフォームよりお願《ねが》いします。https://one-publishing.co.jp/contact/

※当社《とうしゃ》の個人情報保護《こじんじょうほうほご》については、当社《とうしゃ》ホームページ(https://one-publishing.co.jp/privacy/) をご覧《らん》ください。

50音《おん》順《じゅん》リスト

あ行《ぎょう》

か行《ぎょう》

さ行《ぎょう》

た行《ぎょう》

な行《ぎょう》

は行《ぎょう》

ま行《ぎょう》

や行《ぎょう》

ら行《ぎょう》

監修／朝里樹(あさざと いつき)

作家。北海道在住。公務員として働くかたわら、怪異・妖怪の収集・研究をおこなう。著書に『日本現代怪異事典』『世界現代怪異事典』『続・日本現代怪異事典』『日本怪異幽霊事典』(笠間書院)、『歴史人物怪異談事典』(幻冬舎)、『玉藻前アンソロジー 生之巻』(文学通信)、『放課後ゆ～れい部の事件ファイル』シリーズ(集英社)など。監修に『大迫力！異界の都市伝説大百科』(西東社)、『ムー認定！最恐!! 都市伝説ビジュアル大事典』(ワン・パブリッシング) など多数。

[主な参考資料]　朝里樹著『日本現代怪異事典』(笠間書院)
朝里樹著『続・日本現代怪異事典』(笠間書院)
日本民話の会　学校の怪談編集委員会編『令和新装版 学校の怪談大事典』(ポプラ社)

ムー・ミステリー・ファイル

ムー認定！

最恐!! 学校の怪談ビジュアル大事典

2024年6月30日　第1刷発行

マンガ・イラスト：泉すずしろ、井下サトシ、樹生ナト、古倉のぶゆき、界賀邑里、沙さ綺ゆがみ、さざなみ陽輔、鹿助、Dr.イム、toshiko、永井啓太、二尋鴇彦、町田ジョウ

イラスト：一芒、岩崎政志、ウエツジショータロー、裏逆どら、工藤おぶらーと、Ken Kurahashi、バードコネクト、haluaki、和田みずな

デザイン・DTP：萩原美和

写真提供：photoAC、Pxhere、Wikimedia Commons

お守りカード監修：LUA

編集協力：えいとえふ

監　　修：朝里　樹

発 行 人：松井謙介

編 集 人：廣瀬有二

企画編集：宍戸宏隆

発 行 所：株式会社　ワン・パブリッシング
〒105-0003　東京都港区西新橋2-23-1

印 刷 所：岩岡印刷株式会社

[この本に関する各種のお問い合わせ先]
●本の内容については、下記サイトのお問い合わせフォームよりお願いします。
https://one-publishing.co.jp/contact/
●在庫・注文については　Tel 0570-000346(書店専用受注センター)
●不良品(落丁、乱丁)については　Tel 0570-092555(業務センター)
〒354-0045　埼玉県入間郡三芳町上富279-1